丛书编委会

大家精要

沈家本

栾爽　平旭　著

Shen Jiaben

陕西师范大学出版总社

图书代号 SK17N0227

图书在版编目（CIP）数据

沈家本 / 栾爽，平旭著. —西安：陕西师范大学出版总社有限公司，2017.5（2024.1重印）

（大家精要）

ISBN 978-7-5613-8972-0

Ⅰ.①沈… Ⅱ.①栾… ②平… Ⅲ.①沈家本（1840—1913）—传记 Ⅳ.①K825.19

中国版本图书馆CIP数据核字（2017）第068292号

沈家本　SHEN JIABEN

栾　爽　平　旭　著

责任编辑	陈柳冬雪
责任校对	陈君明
特约编辑	仲济云
封面设计	张潇伊
出版发行	陕西师范大学出版总社
	（西安市长安南路199号　邮编 710062）
网　　址	http://www.snupg.com
印　　制	永清县晔盛亚胶印有限公司
开　　本	650 mm×930 mm　1/16
印　　张	10
字　　数	100千
版　　次	2017年5月第1版
印　　次	2024年1月第2次印刷
书　　号	ISBN 978-7-5613-8972-0
定　　价	45.00元

读者购书、书店添货或发现印刷装订问题，请与本公司销售部联系、调换。

电话：（029）85303879　　传真：（029）85307864　85303629

目　录

第 1 章

青少年时代

风云变幻的时代

清朝道光二十年七月二十二（1840 年 8 月 19 日），江南湖州城南编箕巷口沈家，一个小生命诞生了。这就是后来被誉为"中国法制现代化之父""中国法律史奠基人"的沈家本。

1840 年是中国历史上特殊的一年，6 月 28 日，第一次鸦片战争开始。从此，古老封闭的中国被西方列强入侵，1840 年成为中国社会古代与近代的分野，同时也是中国封建社会和半封建社会、殖民地社会和半殖民地的转折点。

沈家本生活在两个时代交接、两种社会制度更替的特殊历史时期，那是古老的中国遭遇"数千年来未有之强敌"（李鸿章语）且痛历"四千年来未有之创局"（王韬语），并向现代转型的社会，是一个充满着剧烈变革的时代。这一特定历史时期的经济与社会状况有其鲜明的特点。诚如有的学者所分析的，"政治制度，特别是国家与社会的关系经历了决定性的变革。古老的儒家社会结构式微，新的社会阶层出现了。经济的许多部门卷入世界贸易之中，工业化过程在城市中起步。思想的探索拓宽了视野，并在对外来观念作出了选择和适应之后重新调整了焦距。农村生活尽管在同一普通模式中延续，但不时为天灾、人祸、叛乱和战争所打断，并最终卷入了革命"。

这一时代呈现出风云变幻、波澜壮阔的历史画面。从经济生活方面来看，1859 年第一个发展资本主义经济纲领被提出，19 世纪 60 年代近代军事工业出现，之后近代机器工业扩大到民用纺织、粮食加工、造纸等轻工业和交通运输、通讯业等领域。官办工业演进至民族资本主义工业，20 世纪初又推出近代经济政策，资本主义经济获得了初步发展。然而战争赔款，向外国商团借款以及重建现代化军队的三重负担，使经济呈现出寄生性和几乎是病态性的发展，而且工商业在国民经济中仅占很少比例，远未形成一个完整的工业体系，起决定作用的仍然是农业经济。再从政治情形来看，从晚清到民国时期进行着深刻的社会变动：旧国家控制被摆脱了，出现了新的社会阶层，各种政治关系得到重新确定，新的国家机构和意识形态诞生了。特别引人注目的是民主化、人民政治参与的扩大、行政管理机构的科层化以及法律作用的提升等等。但是，由于没有成熟的社会条件为基础，民主型的政治机构和政治制度——总统、内阁、议会、宪法、法院、法律、地方自治等，一直处于徒有其形而缺乏相应内容的状态之中。此外，随着知识结构的更新和开放的不断扩大，文化开始走向世俗化。尽管输入种种西方的价值观念和理论，从整个民族而言，文化系统、价值系统和社会习俗等方面还远未达到新旧更替的程度，整个社会呈现出空前的芜杂状态，新旧杂陈、多元并列。真正的文化革命在 1919 年才开始，但也因为更急迫的救亡任务而中断。

总之，这一时期处于新旧摩荡之际，瞻新顾旧是一种常态。由此，造成了一种"脱序"现象：全用机器的工厂，管理却是封建衙门式的；穿着时髦的西服，却是满脑子封建思想；

挂着"大总统"的衔头，实行的却是皇帝式的统治；等等。还造成了鲁迅笔下所描写的文明"多重"状态："中国社会上的状态，简直是将几十世纪缩在一起：自油松片以至电灯，自独轮车以至飞机，自镖枪以至机关炮，自不许'妄谈法理'以至护法，自'食肉寝皮'的吃人思想以至人道主义，自迎尸拜蛇以至美育代宗教，都摩肩挨背的存在。"中国社会处于一种复杂的转型状态之中。

这就是沈家本所处的时代。

少读书，好深湛之思

沈家本出生于诗书世家。祖先们苦读经史，为的是功名，但未能如愿。这种情形一直持续到沈家本的祖父沈镜源才略有改观。沈镜源于嘉庆三年（1798）考中举人，但之后的会试一直名落孙山，据清代的大挑制度，举人三科会试不中，挑取其中一等者为知县用，二等者以教职用。道光六年（1826），沈镜源进京应挑，被列为二等，次年被选授为庆元县教谕（教谕，宋代始设，为京师小学和武学中的教官，掌文庙祭祀和教育训导所属生员），奉命赴任。直至道光十三年才告病还乡。

沈镜源有三个儿子，除沈家本的父亲沈丙莹外，其余两个儿子都早天。沈丙莹肩负家族复兴的重担，道光十二年乡试中举。道光二十五年考中进士，还补官刑部，为陕西司主事（相当于今制部下各司之专员或科长）。沈家本的母亲嫁资丰厚，全家衣食无忧。

沈丙莹为官不久，举家到京师居住。沈家本在京就读，父亲给沈家本挑选了很多授业师。对其影响最深的有两位。一位是闵莲庄，沈丙莹的友人，有花癖，犹爱菊，是散淡之人，沈家本与其感情深厚。另一位是沈家本的姨父——沈桂芬，阅历丰富，担任军机大臣等要职，是同光重臣之一。他遇事持重，又服膺儒学学说，生活简朴，深得沈家本的敬重，与其交往十分密切。

受家庭的影响及老师的指点，沈家本小小年纪就开始苦读，并乐在其中。据《清史稿》，沈家本"少读书，好深湛之思"。沈家本读书极认真，每读一本都记载大意并间有评论。读书的数量也很惊人，仅 1862~1865 年间，就读书三百八十四部，这些书内容庞杂，有经史子集、鬼怪神传、考古医术，以及早期西方传教士的译著，甚至有当时的禁书《明夷待访录》。《明夷待访录》一书揭露了历史上所有帝王制度的弊端，处处闪现着民主思想的萌芽。年轻的沈家本究竟为何读这本禁书，该书又给予他怎样的影响，不得而知。在沈家本长长的阅读书单中，法学著作也有，但数量很少。

咸丰九年（1859），沈家本完成了第一本学术著作：《周官书名考古偶纂》。该书是沈家本"于《周官》多创获"，参考多家注本，疏证《周官》字义，"以备案头考究"之用。书中稽微探隐，删谬补缺，力求穷书，显示了沈家本对古代经史研究深厚的功底和高深的造诣。

颠沛流离，漫漫湘黔路

咸丰九年，沈家本的父亲沈丙莹外放为贵州安顺府知府。贵州远离京城，偏僻贫穷，而且又正值兵乱，所以，沈丙莹只身赴任，嘱家人南返浙江，投靠沈家本的外祖父俞焜。但是，沈丙莹刚刚离开京师，就传来太平军忠王李秀成挥师浙江的消息，不久，太平军攻克杭州，俞焜战死。沈家本一家只好滞留京师。

同年，英国和法国发动的第二次鸦片战争的战火又逼近京师，先是大沽北岸炮台被占，随后，天津失陷。沈家本一家离京，到西山避难。几天以后，咸丰皇帝接受了侵略军的议和条件，沈家本一家返回京师。可是，由于英法使臣在觐见咸丰皇帝时，拒绝跪拜呈递国书，咸丰皇帝大怒，谈判破裂，清政府对英法宣战。两万御林军迎战三千五百名英法联军，不战而逃。咸丰皇帝将议和权全权交与恭亲王奕䜣，远走热河。沈家本一家和京城百姓只得再次到西山避难。英法联军攻进北京，攻占圆明园，火烧圆明园，丧权辱国的《中英北京条约》《中法北京条约》订立，英法联军退出北京。沈家本终于能够和家人返回北京，此刻他的心中，已然充满对洋人的憎恨。

回南方的计划也因为南方的战火而遥不可及。清军与太平军战火正酣。父亲沈丙莹已由贵州安顺府调到铜仁府，铜仁位于贵州与湖南交界，尚属平静，沈丙莹要求沈家本带家人至铜仁和他团聚。沈家本遵循父命，开始了没有意料到的艰辛旅途。经过保定、邯郸，进入河南，又经襄城、叶县新野，来到湖北；在樊城由陆路改为水路，出荆门，经沙市，过长江到达湖南，再经安乡、沅陵，前往铜仁，前后历时两个多月，终于到达贵州铜仁。一路上，沈家本第一次切身感受到贫穷，体验到乡村生活的不易。

到达贵州以后，沈家本一边帮父亲料理府中事物，一边准备科考，还寄情于山水之间，日子过得很是逍遥。可惜的是，虽然父亲沈丙莹在铜仁府任内，正值铜仁邻郡思州府属之路溪教军发动起义，他越境作战，为清王朝立下了汗马功劳，但因没有给路经铜仁的贵州贵东道道员韩超送礼，得罪了这位对其升迁至关重要的人物，导致不仅未受奖赏，反而丢了官位。囊中羞涩的沈丙莹不甘心这一结果，执意留在贵州无望地等待机遇，他让沈家本带着家人先回老家湖州。

沈家本带着家人进入长沙，暂住在东茅巷彭宅，等候父亲的消息。直到同治二年（1863）春，时任贵州巡抚的韩超被撤职，沈丙莹被任命为代理贵阳知府，任职以后，沈丙莹写信让沈家本带家人来贵阳团聚，沈家本再次入黔。沈丙莹上任后，苗民起义，将贵阳团团包围，沈丙莹日夜手执戈矛，亲自巡视城防之事。最后，得赵德光部队的救援，得以保全。再次立下功劳的沈丙莹被人举劾，心灰意冷的沈丙莹对官场再无眷恋，辞去官职，告老还乡。

一家人兵分两路，母亲带着弟妹，先去长沙。沈家本父子二人从贵阳往西，再往北，渡过赤水河，翻越盘山，先到泸州，之后再往东北，到重庆，尔后顺长江而下，乘船前往长沙。一路上虽跋涉艰难，但也欣赏到了别样的风景。

到达长沙后，全家汇合，前往上海，又别是一番新世界。上海的喧闹、繁华，使沈家本不时感受到西方文明。几天以后，父亲与母亲带着弟妹回湖州，而他将去京城，因为父亲为他在刑部谋了一个职位。

第2章

磨驴陈迹踏年年：三十年科考与刑曹生涯

金榜题名

同治三年（1864）春天，沈家本终于又回到了北京。父亲为他捐的是一个小官，沈丙莹虽为官数年，但囊中羞涩，只能为沈家本捐一个地位低微的小官，希望他能在官场上得到历练。这一职位大抵就是一些抄抄写写的工作，虽然，他对法律还谈不上什么兴趣与热情，但公之学律自是始。

读书、写诗、准备科考成为他生活的主要内容。一年后，沈家本回浙江乡试，在近万名士子的角逐中，一试中举，列第六十二名。沈家本的祖父沈镜源是举人，父亲沈丙莹是进士，二十五岁的沈家本又是举人，一家三代皆有功名，在当地很是轰动。但之后的会试却屡屡受挫。同治五年，会试落榜。同治七年，参加礼部会试，未考中进士，仅考取膳录第一名。同治十三年，甲戌会试，榜上无名。光绪三年的丁丑会试，依然失利。直到光绪九年礼部会试，他才考中，名列第二百零三名。沈家本通过之后的复试，殿试和朝考，终于获得进士的功名。从第一次会试落榜直至光绪九年（1883）金榜题名，共耗时十八年，大好的青春年华周而复始地耗费在科举考试中，其中滋味，他人难以体会。

这段时间，沈家本四弟去世，沈家本一手操办了丧事。紧接着，他最好的朋友吉甫也生病故去了。人生的无常，令沈家本感叹。沈家本原配妻子、起居注主事郑训之女郑氏死于战火，又娶山东候补运同陈瑞麟长女为妻。

同治九年（1870），沈丙莹逝于湖州。终年六十一岁。沈丙莹回到湖州后，热衷于讲学，修水利，离开了官场之后，还能够做些实事，实属难得。此时，沈家本已是一家之主，主持了父亲的丧事。

以律鸣于时

沈家本在考取进士之前，虽未把主要精力放在案牍，但到刑部任职不久，即"以律鸣于时"。此期的法律著作有《内定律例稿本》，是清嘉庆、道光、咸丰三朝秋审案件经过九卿会议后，刑部缮写的对个案所作的结论性意见。还有《学断录》，"学断录"即学习断案之意。从这两本著作中可以证实，沈家本任职刑部即精于律例，诚非虚言。

考取进士后，沈家本由候补刑部郎中变为刑部正式郎中。又接任刑部奉天司主稿兼秋审处坐办，律例馆帮办提调、协理提调、管理提调。他开始"专心法律之学"，主要的精力放在积压如山的案牍上。

这一时期，沈家本撰写了大量的法律著作。主要有《刺字集》五卷，批判刺字刑罚对人的残害，希望缩小其适用范围。《压线编》一卷，是沈家本为律例馆、江苏司、奉天司、直隶司、四川司同僚代拟的十二件案牍。《律例杂说》一卷，主要是对《大清律例》中各种刑名、罪名的解释。《刑法杂考》一卷，是对律例中诸多刑名、罪名源流的考释。《奏谳汇存》一卷，记录光绪十五年（1889）至光绪十九年，沈家本在刑部审理案件、结案后拟定、以刑部名义上奏的奏稿文集。《驳稿汇存》一卷，记录光绪八年（1882）至光绪十五年，沈家本在刑部草拟的对各省上报案件的批驳。还有《雪堂公牍》、《秋谳须知》、《刑案删存》六卷、《日南读书记》十八卷、《文字狱》一卷等。长长的书单是沈家本潜心研究的成果，也奠定了沈家本法律专家的地位。

出于职业习惯，沈家本也关注一些影响重大的案件。一是神仙粉案件，这是沈家本接触的第一起涉外案件，发生在福州。福州是通商口岸，涉外案件较多，神仙粉案件就是影响较大的一起。据传言，有人在街头送人神仙粉。男人食用，全身浮肿；女人吃下，腹胀而死。因怀疑洋人投放神仙粉，愤怒的群众放火烧了东莞与石龙镇里的教堂，烧死了三个洋人和十几个中国人。不久，长乐县和古田县的民众又拆毁了英国和美国的两个教堂。英美两国向清政府发了照会，以示抗议。漳州府捉拿了一个散发神仙粉的人犯，据说是洋人主子指使。官府将其正法，草草结案。沈家本将此案记录下来，在他的文字里，能够感受到民众的愚昧、官场的腐败与无能。

还有两起惊动朝野民事案件，其一是光绪元年（1875）的杨乃武与小白菜案件，此案轰动一时。小白菜，姓毕，乳名阿生，非常漂亮，在小县城引人注目。嫁给卖豆腐的葛品连为妻。二人租住邻居杨乃武的房子。杨乃武是浙江余杭县的乡绅。杨乃武与小白菜经常走动，杨乃武又教小白菜识字念经，后来，杨乃武的妻子詹氏去世，闲言碎语不断。杨乃武提出租金上涨，小白菜夫妇便搬走，另外租房。杨乃武和妻妹结婚，后来参加乡试，中了举人。同治十二年（1873）十月的一天，葛品连暴死，其母怀疑其中毒身亡，告到官府，仵作验尸结果，证明中毒。小白菜被怀疑谋害亲夫，严刑拷打之下，被逼招供，和杨乃武通奸，毒死葛品连。杨乃武在被押解到杭州复审时，屈打成招。判决很快下来：杨乃武斩立决，葛毕氏凌迟处死。杨乃武家人不服，到省城杭州喊冤。主审官接受贿赂，依然维持原判。家人又进京喊冤。刑部审核此案时，二人已经绝望，依然屈从。直至光绪元年，京中御史边宝泉上奏异议，要求刑部重审此案，朝廷开始注意，加之京城中许多浙江籍的官员联名上奏，要求复核此案。刑部受命后，当众开棺验尸，证明葛品连系病死，而非毒死。此案至此真相大白。参与此案的许多人被处理，被摘去顶戴花翎的就有一百余人。

其二是王树汶案。河南匪盗猖獗，各州县纷纷增加胥役（类似今日治安警察），许多盗贼也趁机混了进去。当地匪首胡体安就在县衙充当胥役，某日，他派手下盗匪抢劫了一位赵姓布商。该布商颇有势力，报案无果后，自行调查真相，并直接向巡抚涂宗瀛呈控。巡抚下令通缉，胡体安让家中小帮厨王树汶冒名顶替。王被判死罪，在行刑时喊冤，案件重审后，真相大白。但河南官府，官官相护，以王树汶替人顶罪触犯刑律为名，还是死刑，王树汶依然在劫难逃。最后，还是刑部官员良心发现，王树汶冤案才得以昭雪，而此时距案发已有五年之久。

沈家本还参与审理了刘振生案。刘振生是古董商人，有疯病，不时发作，其岳父为太监双喜的叔叔，能够进入宫中。刘振生以买卖古董为名，多次出入宫中。有一次他进入宫中，疯病发作，胡言乱语，被处死。

沈家本将自己接触过的案件都记录下来，并写下自己的思考。没有亲自参与或审理的案件，特殊的个案，只要看到案卷，他都细细梳理、研究、分析，注重积累经验。日积月累，他已经成为经验丰富的法律专家了。

光绪七年（1881），沈家本的恩师、姨丈沈桂芬去世了。沈桂芬位高权重，对于沈家本而言，沈桂芬既是姨父，又是恩师，还是靠山，因此，无论从情感上，还是利益考量，沈家本都很难过，特别是联想到前途茫茫，更觉悲伤。

沈家本在刑部三十年，其才守、资格，以及例案、文理等方面的才华被大家公认。任职的秋审处、律例馆，都是刑部最重要的机构。当时刑部重要案件、重要奏稿，也都指定由他办理。虽然他资历深厚，精通律例，才干过人，但漫长而又枯燥的刑部案牍生涯，让他看不到一丝升迁的希望，其内心的苦闷悲观可想而知。

沈家本潜心读书，用苦读化解心中的苦闷。他写了许多经史方面的文章，法律和法学方面的著述也相当可观。正如他自己所言，"磨驴陈迹踏年年"，审案、读书、著述，成了他生活的全部。而此刻的大清王朝已经摇摇欲坠，西方世界的坚船利器还有宗教文化，纷纷涌入这古老的国度。沈家本当然不会漠不关心，积弱的国家，让他痛心，又无可奈何。

对于沈家本这样的官员而言，通过京察列为上等是升迁的唯一通道。京察是古代考核京官的一项制度，一直延续到清朝。清朝每三年举行一次，进行考核。翰林院所属各官，京察列上等的，可任知府或者道员。像沈家本这样的六部司员郎官，想要升迁，必须先放各省道府，再由道府逐步升迁，或者升为疆吏，或者升为部院大臣。因为六部司员多为科举出身，基本上为文牍工作，没有行政、司法方面的实际经验，所以要先外任，等积累了实际经验再提拔。京察对于六部司员而言，意义重大。沈家本参加过多次京察，每次都是失望而归。对于像他这样毫无背景之人，想通过京察脱颖而出，实非易事。光绪十九年（1893），他已经五十三岁，到刑部任职已三十年，第十次京察，终于被列为上等。不久，奉旨简放天津知府。三十年的磨砺，命运总算向年过半百的沈家本露出一丝曙光。

第3章

乱世中的外官任上

外放天津

从光绪十九年冬至光绪二十三年三月，沈家本出任天津知府。天津是中国第二大工商业城市和北方最大的金融商贸中心，洋味儿十足。刚得到任命的第四天，他去拜访了一个日后在他的官场生涯中举足轻重的人物——张之洞。张之洞和沈家本年龄相仿，但二十六岁就中了进士，为人处世与稳重低调的沈家本大相径庭。

新官上任，官员们纷纷拜会，沈家本迎来送往，但他最想见的是直隶总督——李鸿章。李鸿章，洋务派领军人物，安徽合肥人。身材魁梧，相貌威严，很有距离感。没几天，李鸿章带他去新医院（相当于医学院）参加一个宴请洋人的宴会。沈家本第一次与洋人共进晚餐，令他大开眼界，他自己也不会想到，他的官场生涯，从此和西方文化还有西方法律结下不解之缘。

在天津期间，沈家本处理了大量的刑案，积累了丰富的司法实践。刚上任的沈家本下令重修因天津教案被烧毁的望海楼教堂。这座教堂承载了沉重的历史。天津盐商早在1773年集资修建的一座三层小楼，就是望海楼的前身，1869年法国神父在此基础上建成了天津第一座天主教堂——望海楼天主教堂。1870年，天津发生疫病，有传言天主教堂的神父和修女杀死孩子制药。随着教会与民众矛盾日益加深，教案纷纷涌现，天津百姓对教会的怒火一触即发。恰逢此时，天津官府抓获两名拐卖儿童嫌疑犯，口供中牵涉到望海楼天主教堂，愤怒的民众包围了教堂。被惊动的法国领事馆丰大业闯入天津府办公衙门，要求地方大员出兵镇压。丰大业倨傲无礼，地方官员毫不妥协，双方发生了激烈冲突。围观的民众打死了多名教会人员，并火烧教堂，史称"天津教案"。事发后，英、美、法、德等七国军舰集结天津、烟台一带海面示威。清政府命直隶总督曾国藩查办。经过调查，杀死孩童制药纯属无稽之谈。一方是愤怒得失去理智的民众，一方是不肯善罢甘休的洋人，曾国藩左右为难，最终选择了妥协。部分满足了洋人提出的要求，但他却因此事千夫所指，清廷将其调离，任两江总督，由李鸿章接任直隶总督。

这段历史，沈家本了然于心。刚上任的沈家本下令重修因天津教案被烧毁的望海楼教堂，大家议论纷纷。不久，天津又查获拐卖儿童人犯。1870年天津教案的导火索就是教士拐卖儿童。沈家本率属下迅速查明案件，判拐卖儿童的人犯死刑。按照《大清律例》，拐卖儿童没有使用迷药，不能处以死刑。沈家本温和而坚定地回应：是岂可以常例论乎，竟置之法，而民大安。民安是沈家本处理案件的标准，也是他的理想。这一案件还体现了他用律能与时变通的思想。

三十年的刑曹经历，使沈家本在处理案件时不凭主观臆断，注重实地调查，不拘泥于书本，灵活运用法律。郑国锦一案充分显示了他高超的办案水平。郑国锦，以针灸治病为生的江湖医生。他治好了刘明妻子王氏的病，与王氏勾搭成奸，被刘明的儿子刘黑儿发现，告诉父亲。郑国锦伙同王氏杀害了刘明，刘黑儿目睹了整个过程。刘黑儿将此事告诉了大伯，大伯一纸诉状将二人告到天津官府。沈家本下令开棺验尸，他特地从京师调请来有经验的仵作侯永，请他协助判案。验尸结果证明并非毒死，沈家本怀疑是被用针害死。但如何验尸检骨，却无前人经验可以借鉴。他通过仔细验尸还有医书，终于找到办法证明刘明为针所害，刘明之冤得以昭雪。

沈家本任天津知府共三年半时间，正值中日甲午战争，天津是战争旋涡，沈家本记录了这次战争的前前后后，心情异常沉重。在他的记载中，清朝的武将在与日本的海战中，竟被德国的将领用枪逼着坐镇指挥台，简直是奇耻大辱！将领之间，互不配合，临阵脱逃，清政府巨额投资的海军实在不堪一击。

1895年4月17日，清政府同日本签订了《马关条约》，从此，台湾被割让。沈家本对清王朝从内心深处是充满失望的，他身在官场，只是一介文官，但他想为民做些实事。

保定任上

1897年夏天，沈家本离开天津，调任保定知府。虽然是平级，但保定是直隶首府，京城的大门。沈家本不仅要履行知府公务，还要主持直隶发审局的事务，兼理行政与司法。责任比之前重大。保定和天津相比，闭关自守，风气明显落后于天津。

他担任保定郡试的主试，心中百感交集，曾经的科举之路，让他荒废了多少大好年华，虽为主试，他仍然反对科举考试，他希望清政府能对科举进行改良。沈家本的建议是分科，而那些年轻激进的革命党们，已经在酝酿废除科举。沈家本毕竟已知天命，他深知要改变这个古老的国家，绝非一蹴而就，只能是渐进式的改革。这一观念成为沈家本的基本观念，在后来的法制变革中，也一直没有改变。

保定，虽距京城咫尺之遥，但对京城的"百日维新"几乎无感，沈家本的日记中也没有涉及，完全置身之外，只有书院改学堂的改革之风姗姗来迟。光绪皇帝颁布了一道诏令：诏改各省大小书院为兼习中学西学之学校，以省会之书院为高等学堂，郡城为中等学堂。直隶绅士公函直隶总督荣禄，请将保定莲池书院改为省城高等学堂，畿辅学堂改为保定郡城中等学堂。沈家本大力支持并努力促成此事。在他的努力下，高等学堂还开设了英文课。沈家本认为自己在和洋人打交道的过程中，受尽了轻辱，他深知只有了解西方，才能与之抗衡。他的三儿子沈承烈就从那时开始学习英文。

西太后垂帘听政，六君子遇害，沈家本极为同情。被正法的六君子之一刘光第，是他癸未同年，当年会试，他中第二百零三名，刘光第是第二百零四名，同时获取功名后，刘光第授刑部候补主事，沈家本是刑部郎中，两人既是同年又是同事，非常熟悉。如今，已是阴阳相隔。沈家本感叹不已，但对于变法又很难理解，他认为六君子为浮名而死，很不值得。

就在变法期间，保定发生了"北关教案"。第二次鸦片战争以后，外国教会和传教士大量进入保定，修建教堂，发展教民，大肆进行布道活动。中国人民和外国传教士之间的矛盾和冲突时有发生，并不断升级。北关教案就是在这一背景之下发生的。戊戌变法时，慈禧为策动政变，任荣禄为直隶总督、北洋大臣，统辖北洋军队，并调西北董福祥甘军驻防长辛店，归荣禄节制。甘军调防路过保定时，两名士兵出于好奇，进入教堂，想参观一下，被教士拒绝并拘押。甘军士兵闻讯前往营救，砸毁教堂财物，救出士兵，押解教士至兵营，并欲烧毁教堂。事发后，沈家本派人将被砸物品登记，并由法国教堂相关人员签字。安慰被押教士，将其劝返教堂。应传教士要求，说服甘军派人保护教堂。本来事情已告一段落，但荣禄偏偏又派出两名道衔亲自到保定慰问传教士，传教士借机提出五点很过分的要求，未料到对方竟一口答应，并获得清政府五万两白银的赔偿。沈家本愤愤不平，但又无可奈何。

自刑部审案始，沈家本就开始续纂《刑案汇览》，一直没有间断。《刑案汇览》是历年经过刑部驳议的重大疑难案件，相关资料由道光学者祝松庵汇编成辑。沈家本的续纂《刑案汇览三编》按照祝松庵《刑案汇览》体例编辑，汇道光、咸丰、同治、光绪四朝刑部所驳议的案件一千一百八十六件。沈家本花了十多年，至光绪二十五年（1899）的冬天，完成了这部共计一百二十四卷的巨著。

就在沈家本完成《刑案汇览三编》的这一年，义和拳改称义和团，提出"扶清灭洋"，焚烧教堂，打杀教民，一路高歌。各国联合起来威逼清廷镇压义和团，朝廷分为两派，主抚派和主剿派。沈家本温和地沉默着。义和团进入保定，焚烧北关教堂，保定城一片混乱。沈家本临危受命，暂时代理直隶按察使。很快，八国联军进入北京，慈禧带着光绪向西北逃去，二人在太原发布谕旨，沈家本又升任为山西按察使。由于公事羁绊，沈家本并未赴任，将家人送走后，独自留在保定。没想到，这一留，差一点赴了黄泉。

英、法、德、意四国联军逼近保定城。李鸿章正式接任直隶总督，命令不战而降。当最先赶往保定城的法国士兵进入保定城时，竟看到一干清廷官员伫立迎候，还有大堆的礼品！虽然联军到达时，保定城上插了白旗，但倨傲的联军首领贾思尔先是迫不及待地将藩属仓库中的十六万两白银据为己有，而后将臬司廷雍、沈家本，还有城守尉奎恒、统带王占魁关押起来。入侵者在保定设立了权理司，处理地方行政事务，权理司关押的第一批犯人便是沈家本他们。

沈家本等人被关押的消息震惊了清廷，同僚们携手营救。营救的方法就是用金钱贿赂洋人。他们首选的贿赂对象就是德国参赞兼翻译官部泗。部泗开价两万黄金，拿到钱的部泗并没有兑现承诺，廷雍在直隶总督署的大堂上，接受由联军组成的权理司的审判，这是第一位接受洋人正式审判的清廷官员。尤为讽刺的是，审判官之一的法国大帅手里翻弄的竟是《大清律例》！

几天之后，在义和团曾经杀死一个法国姑娘的凤凰台，几位清廷官员被执行死刑。廷雍、奎恒、王占魁被斩首，沈家本是陪斩，估计是因为沈家本是文职，地位又卑微的缘故，才免于一死。三位同僚的死，留给沈家本的不仅是悲哀，更是愤懑与耻辱。在随后的审判中，面对其子习拳和仇教的指控，沈家本辩护得有理有利有节。最终，他死里逃生，但仍被羁押。直至庚子年（1901），奕劻和李鸿章在《议和大纲》上签字，沈家本才重获自由。

沈家本被释放后，他跋涉了近两个月，来到西安。逃亡的清廷也在西安。沈家本述职之后，在家闲住候补。几个月后，沈家本接到要他赴任的谕旨：以候补三四品京堂沈家本为光禄寺卿。光禄寺卿为中央六部九卿之一，从三品，掌管皇家的祭祀、膳食与饮宴。

待他回到京城，任刑部右侍郎。

第 4 章

执掌刑部，奉命修律

执掌刑部

清朝中央六部，各设尚书两人，满汉各一人，另设左右侍郎四人，满汉各两人，沈家本再进刑部以后，初为右侍郎，后为左侍郎，直到光绪三十二年（1906）九月清政府下令改革官制，将刑部改为法部为止。此期间，都由沈家本执掌刑部。

重回京城的朝廷，一片混乱。慈禧与光绪西逃时，将六部也带了过去。而刑部一分为二，北京留了一部分，西安也设刑部，由薛允升负责处理各省上奏的案件。清廷回京后，又合二为一，百废待兴。

沈家本首先安抚刑部官员，主要手段就是通过褒奖稳定人心。他以刑部的名义，向朝廷保荐战乱中依然谨守职责的人员。其次，处理被联军逮捕送刑部监狱关押的人，以及被联军放走的原先关押在刑部监狱中的人。

一个月后，沈家本由右侍郎转为左侍郎。任命是慈禧的意思，赵舒翘和薛允升都已故去，资历最老的当属沈家本。沈家本执掌刑部后，做了一件重要的工作——刊刻原刑部尚书薛允升的遗作《读例存疑》。薛允升为沈家本的前任，在刑部呆了三十多年，沈家本能够执掌刑部，很大程度上取决于他的推荐与提携。薛允升生平最大的愿望就是著书立说，他在风烛残年时，将手稿《读例存疑》交给了沈家本。清朝法律的基本形式为律和例。乾隆以后，清例泛滥，为厘清律例之间关系，维护法律的威严，增强法律适用的准确性，薛允升对《大清律例》存在的问题进行逐条考证核议，完成《读例存疑》。该书是中国律学的集大成之作，具有较高的文献价值。在沈家本的努力下，该书于光绪二十一年刊行，沈家本为之作序。该书不仅具有较高的学术价值，而且对晚清的法制改革起到了举足轻重的作用。

沈家本执掌刑部，弹劾两广总督岑春煊越法杀人一事反映其重视官吏守法，强调依律定罪量刑的一贯主张。光绪三十一年，岑春煊以广西桂林府全州州同刘荫琛门丁李云甫、李松甫二人串役诈赃（利用门丁身份，欺压讹诈市井小民，捞取钱财）之名，将二人就地处斩，上奏朝廷。岑春煊对此案的处理，明显越权。朝廷没有责其越权，反将奏折交与政务处，以示赞同。政务处又将岑春煊的奏折所请禁革门丁，作为一项改革，通令全国遵行。没有人关心这两个门丁是否该死。沈家本认为，岑春煊不仅越权，而且断罪不引律例，破坏法律，肆意杀戮。沈家本准备弹劾岑春煊。岑春煊是慈禧回銮后最初几年极为得宠的封疆大吏，当时的刑部满尚书奎俊看了奏折后不同意上奏，认为已经超越了法律问题，牵涉到清廷的政权体制，是敏感的政治问题。但沈家本认为岑春煊所为涉及重大法律问题，坚持上书弹劾，指出岂容任一人之喜怒而破坏法律乎？法律面前，应是人人平等。要求申明法律，慎重刑罚，给予岑春煊应有的惩罚。不过，奎俊虽然呈上了奏折，但将违法越权等激烈言辞都删掉了，改头换面，变成了一般性重申依法办案奏章，当然也就没有什么效果了。

奉命修律

慈禧太后经历了庚子之乱后，急于改革，想摆脱列强，稳固自己的统治。但对应如何变革，她并无主张，这一点可以从她变法的诏书中看出来。慈禧的新政由此开始，官员们应慈禧的要求上了许多奏折，奏折都谈及变法，主旨为整顿中法，学习西法。张之洞为其中的代表。

张之洞，生于1837年，直隶南皮县人。十六岁即以举人第一名的成绩高中顺天乡试解元。后来，参加殿试，被慈禧赏识，得居鼎甲。和沈家本不同，张之洞的仕途非常平顺。张之洞等人的奏折深得慈禧嘉许，慈禧感到自己的江山岌岌可危，想通过变法，巩固自己的统治。变法的最直接原因是清政府想收回领事裁判权。所谓的领事裁判权就是一国通过驻外领事等对处于另一国领土内的本国国民根据其本国法律行使司法管辖权的制度。这是一种治外法权。它的存在，形成对所在国家属地主权的例外或侵犯。鸦片战争以后，根据清政府与列强签订的不平等条约，列强在中国行使领事裁判权，清政府的完整法权遭到了破坏，威胁到清廷的统治，收回领事裁判权也是清政府必须要考虑的问题。

1902年2月2日，清廷正式下达了改定法律的诏书，四月初六，光绪皇帝发出上谕："现在通商交涉，事益烦多，著派沈家本、伍廷芳，将一切见（现）行律例按照交涉情形，参酌各国法律，悉心考订，妥为拟议，务期中外通行，有裨治理。俟修定呈览，候旨颁行。"至此，清末的变法修律拉开了序幕。沈家本也进入一生中最辉煌的时代。

晚清修律，可以分为两个阶段，前后正好十年。第一阶段，从光绪二十八年（1902）至光绪三十三年九月；第二阶段是从光绪三十三年九月修订法律馆脱离法部并独立到宣统三年十二月二十五日清帝退位。前一阶段，是新政时代的改革，主要是对旧律的变革；后一阶段是预备立宪时的立法，主要是制定新法以配合实施宪政。

当时，对修律的人选，慈禧并无主张，她让直隶总督袁世凯、两江总督刘坤一、湖广总督张之洞来推荐。

袁世凯首先推荐了沈家本。袁世凯，直隶总督兼北洋大臣，比沈家本年轻十九岁。沈家本在天津与保定任知府期间，袁世凯正在天津小站练兵。虽然有过交往，但也只是泛泛之交。不过，袁世凯的"军师"徐世昌与沈家本倒是交情深厚。袁世凯推荐沈家本主要是徐世昌的原因。估计，袁世凯觉得沈家本和他年龄差距很大，不会构成威胁，加之沈家本的水平有目共睹，所以就推荐了沈家本。另外两位对袁世凯的提议没有什么异议。

三位总督还举荐了伍廷芳。伍廷芳与沈家本年纪相仿，经历却大相径庭，他生于新加坡合都亚南，父亲是个商人，他在香港接受了西方教育，毕业后，应聘于香港高等审判厅，担任英文译员。后来，去了英国林肯律师学院自费留学，成为中国近代史上自费留学第一人。学习三年后，获得博士学位和律师资格证书，成为获此殊荣的亚洲第一人。同年，返回香港，成为执业律师。几年以后，他已是香港赫赫有名的大律师，获得殊荣无数。李鸿章、刘坤一、郭嵩焘等朝廷重臣非常器重他，他后来答应了李鸿章每年六千两黄金的重金聘请，北上辅佐李鸿章。他为洋务运动做出了不少贡献，最值得称道的有三件事。其一，有理有据地拒绝了列强在中国铺设通信电缆、经营电报业务的要求。其二，处理长崎事件。1886 年，清廷铁甲兵轮数艘到日本长崎船坞修理。中方水手与日本警察起了激烈冲突，酿成外交争端。伍廷芳提出的处理方法深得李鸿章赞许。其三，甲午战争后，伍廷芳以头等随行参赞的身份去日本议和，表现出非凡的外交才干。西方世界对他的评价也不错。经过权衡之后，慈禧终于任命两个汉人主持修律。

沈家本称伍廷芳为中国精通英国法律之唯一人物，伍廷芳的加入，使修律看起来前景乐观一些。

翻译西法

沈家本奉命修律的一年多时间里，因伍廷芳尚未回国，他自己也要做刑部左侍郎的工作，只做了一些筹备工作。主要是，奏请将刑部律例馆更名修订法律馆，拟订修订法律的办法；挑选熟悉中西法律人员，担任纂辑；聘请外国法律专家担任顾问；调取毕业回国的留学生从事翻译、研究外国法律的工作；筹备经费；等。伍廷芳到职后，确定筹建修订法律馆，调取修律人员和翻译外国法律为首要任务，并请求朝廷每年拨款白银三万两，用作活动经费。光绪三十年（1904），修订法律馆正式开馆。

开馆初期，主要从事两项工作：一是删削旧律；二是翻译外国法律。早在第一次鸦片战争时，近代中国就已开始外国法律的翻译工作。林则徐曾经请传教医生翻译瑞典法学家瓦特尔《国际法》部分段落，以《各国律例》之名在中国印行。洋务运动后，形成翻译公法为主的高潮。其中法国《拿破仑法典》《新加坡刑律》等被译成中文。但这一时期由于翻译者多为外国人，而中国又缺乏现代法律词汇，所以，一般中国人无法读懂。十九世纪八九十年代，黄遵宪著《日本国志》，其中的《刑法志》是翻译的《刑法》和《治罪法》，这两部法律成为当时影响最大的外国法。

修订法律馆成立后，沈家本主持的外国法律翻译活动，是清代历史上由官方进行的最集中也是最为系统的对外国法律的引进。沈家本高度重视对外国法律和法学著作的翻译工作，在他的主持下，从修订法律馆开馆直到宣统元年，共翻译出十几个国家的几十种法律和法学著作。沈家本在光绪三十一年三月、光绪三十三年五月、宣统元年正月做过三次统计，欧美和日本主要的法律都在其中。其中以日本的法律为主，体现了变法主要取法日本的思想。这一时期的翻译，不仅数量上远远超出以往，几乎占到晚清从外国翻译的各种法制类书籍的十分之一，质量也有了巨大的飞跃。主要因为，一是日本法律名词大量涌入，法律概念得以更新。二是思想观念更加开放，深化了对西方法律的理解。三是外文原文多为清朝驻外官员通过外交途径收集、购买，版本比较准确完整。四是翻译人员的外语水平和专业素质水准很高。沈家本非常重视人才，据当时留学归国任职法律馆的江庸称："当时东西洋学生之习政治法律归国稍有声誉者"，几乎都被沈家本网罗到法律馆从事翻译编撰工作。为使这些留学生安心工作，沈家本不论资历，开出高薪，使他们能全身心投入，完成高水平的译作。

改造旧法

1905 年 2 月底，沈家本与伍廷芳等上《奏申明定例以慎刑章折》，奏请饬令严格依《大清律例》定罪量刑。3 月 13 日，又上《奏请先将律例内应删各条分次开单进呈折》，奏议删除《大清律例》中三百四十四条。光绪批谕：依议。3 月 20 日，沈家本与伍廷芳上《删除律例内重法折》，力主废除凌迟、枭首、戮尸、缘坐和刺字等重刑。以上酷刑，在中国历史久远，根深蒂固，想废除，绝非易事。为说服慈禧，奏折由历史渊源娓娓道来，晓之以理，动之以情，最后落在收回治外法权的基本点上。慈禧被说服，准奏。

同一天，沈家本与伍廷芳还向清廷上《奏请专设法律学堂折》《奏定法律学堂》和《奏请于各省课吏馆内专设仕学速成科》，要求开设京师法律学堂，加强各省法律教育。上《议复江督等会奏恤刑狱折》，提出恤刑建议。恤刑，即慎重用刑。主张一是审判公正，二是减轻刑罚。四年前，刘坤一、张之洞就联名提出禁止刑讯。沈家本与伍廷芳上奏支持他们的主张。主张规定审案时，除罪犯应判处死刑，证据确凿而不供认者，可以适当刑讯外，凡初次受到审讯犯流徒以下罪名的案犯，概不准刑讯，以免冤滥。其笞杖等罪，仿照外国罚金法，若无金钱，可以做工代替。此规定遭到激烈的反对。其中反对最激烈者是御史刘彭年，最蔑视该项规定的就是上海会审公堂，拒不执行相关规定，继续杖责罪犯。

刘彭年认为，外国不用刑讯，因为国情不同，法律完备；有警察制度，审判公开制度，审判有辩护人和陪审人员参加，证据不取于犯人。而中国诸多制度阙如，必须依靠刑讯制度，否则，必然会造成案积如山的后果。

沈家本和伍廷芳的回击是各国法律无论完备与否，皆不用刑讯，我国须与西方各国统一法制，乃是收回治外法权的第一要义；禁止刑讯，只不过是申明旧章，略为变通。至于积压案件之说，为何之前各省积压之案有数年数十年无法结案呢？

对于上海会审公堂，沈家本和伍廷芳更是严厉指责：上海是中国的上海，会审公堂是中国的管理在执行法律，中国的官吏执行中国的法律天经地义；上海为各埠之领袖，公然抗法，非从严参办不足以整肃纲纪；饬请两江总督会同江苏巡抚，将上海会审公堂一切审判事宜认真整顿，选择德高望重并兼通中外法律者，担任会审公堂的法官。

4月至9月，出台了一系列法律条例，将禁止刑讯具体化。

9月16日，沈家本与伍廷芳上奏，上海会审公堂根本不把法律和刑部放在眼里，公然沿用刑讯。上海会审公堂如此嚣张，因为有着深厚的背景。鸦片战争以后，上海成为公共租界，列强将行政、治安、司法、税收管理等权力划为己有，视中国主权为无物。1869年，为解决日益增加的争端，清廷在上海设立会审公堂，又称会审公廨。规定，凡牵涉到外国人的案件，允许外国领事派员陪审、会审、观审。列强不断扩张权力，到最后，上海会审公堂实际上已被列强控制。沈家本已经意识到问题的严重性，在奏折中详尽地分析了情况，光绪看了奏折，很赞同，并做了批示。上海会审公堂仍置若罔闻。两个多月后，爆发了大闹会审公堂案。

案情并不复杂。四川官员黎廷钰的遗孀扶柩回家乡，乘船途经上海。船到镇江时，外籍水手向她勒索，遭到拒绝，怀恨在心，诬告她是拐卖人口的人犯，发电报到上海工部局巡捕房报案。工部局在码头将黎黄氏拘捕，送往会审公廨候审。几天后，该案由谳员关炯之、襄谳金绍成会同英陪审官德为门一起审理。关炯之以起诉黎黄氏"拐骗"证据不足，拟暂押回会审公廨候审。德为门却要求由巡捕房押回西牢。双方各执己见，互不相让。最后发展到巡捕和廨役抢人，结果是黎黄氏被押往西牢，十五个女仆被送进济良所。此事一经传出，激起民愤。清政府外务部向公使团抗议，公使团迫于压力，同意让驻沪领事团将黎黄氏押回公廨释放。

本来事情应该画上句号，但工部局巡捕房故意将黎黄氏送到广肇公所释放。民众再次被激怒。集会演说上升到罢市和暴力冲突。民众围攻老闸巡捕房和市政厅等处，巡捕开枪镇压，中国百姓死伤三十余人。清廷出面达成不平等协议，赔款，关炯之调任通州直隶州知州，金绍成被罢官。

沈家本得知金绍成被罢官，当即去信聘他为修订法律馆协编，并奏补为大理院刑科推事。

沈家本非常爱惜人才。就在9月，他和伍廷芳向清廷奏请派员赴日本考察法制，理由是修订法律尤以参酌东西择善而从之为目的，我国与日本相距甚近，同洲同文，取资尤易为力，应遴派专员前往调查。他们选派的官员均来自刑部，年富力强，有一定的业务经验与法律功底。

1906年4月，沈家本和伍廷芳向朝廷奏呈《进呈诉讼律拟请先行试办折》及所附《刑事民事诉讼法》草案，希望能得到清廷的首肯，先颁布试行。统治者看到奏折后，更多的是惶恐不安。他们提出的将行政权与司法权分离的建议，使统治者尤为震惊。

沈家本和伍廷芳也估计到奏折会引起这样的反响，特意对草案进行了详细的说明：西方各国刑事、民事诉讼均有专律，而中国传统法律将诉讼断狱附于刑律之中的做法，已经无法适应时代发展的要求。因之，颁行刑事民事诉讼法，是为了跟上世界的潮流，也是为了收回治外法权。在制定草案的过程中，他们将欧美的法律结合中国国情进行改造，在立法体例上，将刑事诉讼法和民事诉讼法合为一体。提出增设陪审员与律师制度的建议。

清廷统治者有些惊惧，但也没有全盘否定，让大臣们进行讨论。大臣们众口一词地反对，包括举荐沈家本的张之洞与袁世凯。

张之洞被视为变法的领袖人物，他也无法容忍沈家本和伍廷芳提出的草案，认为是有悖圣贤修齐之教。其实，张之洞提出变法是揣摩了最高统治者的心思，其所谓的变法，一是强调人才培养，二是重视对内政的整顿，三是"西用"的拓展。其主旨是为巩固大清王朝的统治，所以，才会那么快地得到最高统治者的首肯。而沈家本和伍廷芳的《刑事民事诉讼法》草案完全异于中国传统诉讼制度，设想行政权与司法权分离，增设陪审员制度与律师制度，在他看来，这已经不是改良，而是革命了，当然无法接受。袁世凯也表示反对。最终，因为大多数反对意见，《刑事民事诉讼法》草案被搁置。

伍廷芳请假回老家，为父亲修墓。可能这位颇为西派的人物，对修律的困难估计不足，干脆一走了之。

而沈家本并没有停下来，多年的历练，使他早已习惯这一切，他只是温和而又坚定地朝自己设定的目标努力。伍廷芳走后的第二个月，沈家本又撰写了《禁革买卖人口变通旧例议》，主张废除奴婢律例。他写道，现在欧美各国，均无买卖人口之事，系用尊重人格之主义，其法实可采取。他的提议，触犯了王公贵族的利益，遭到坚决反对。不过，沈家本的人格平等观念开始产生了一定的影响。

在沈家本的力主之下，基本废除了满汉异制。清王朝一直实行满汉异制。主要有：一是官缺有满汉之分。满族官员可以任汉缺，但汉族官员却不能任满缺，同一职务满族官员的权力要大于汉族官员。二是满汉不许通婚。禁止旗女嫁汉人。三是满族人只能为职业军人，不准从事生产活动，生活靠政府。四是满族适用的法律异于汉族，审判机构也是独立的。如果满汉纠纷，对汉人的处罚要重于满人。清末，满汉矛盾日益尖锐，为缓解矛盾，沈家本按照清廷旨意，上奏《旗人遣军流徒各罪照民人实行发配折》，光绪皇帝批示"大会议政务处议"。此后，清廷将《大清律例》中旗人犯罪折枷各制，以及罪名畸轻畸重，处罚不同之处，共删除、移改、修改、修并五十条。从此以后，"旗人犯罪俱照民人各本律、本例可断"，旗人和汉人在刑法适用上就平等了。沈家本主张废除满族人只能为职业军人，不准从事生产活动，生活靠政府的规定。此奏后，清政府即下旨：删除旧律中不准旗民与民人交产之条款，允许旗人房地与民人互相买卖，旗人在外省居住营生，允许随便置买产业。

沈家本又推动了秋审改革。秋审制度是清朝的一项刑事诉讼制度，在每年秋天由清政府各部、院、长官对死刑案件进行复审。在秋审制度下，是否执行死刑最后由皇帝决定。他避开对皇帝的批评，转而要求停止各省的督抚布政使会审之制和中央的九卿会审制。该提议得到批准，沿袭了二百多年的这项制度被废除。

沈家本提出向西方国家学习死刑秘密执行，并将其转化为制度，于是中国的行刑制度走上了人道主义道路。

开办法律讲堂

长久以来，沈家本就有一个强烈的愿望：办一所专门的法律学堂。前已述及他和伍廷芳向朝廷上《删除律例内重法折》时，就在折后附的一个折片提出在京师设立专门法律学堂的建议。朝廷基本认可。他们立刻呈上关于办学方针与方向、课程设置等的具体方案。由于经费一直没有落实，筹办非常艰难。尽管如此，沈家本仍尽力将一批青年才俊网罗到这所学校里。如董康、曹汝霖、周绍昌等担任学堂的提调。教员有中国法律专家吉同钧、姚大荣、汪有龄、钱承志、江庸等，也有日本法律专家冈田朝太郎、松冈义正等。沈家本对法学人才，不管是年老的还是年少的，不管是国外留学归来的，还是旧学者，都一视同仁，特别爱惜，给他们施展才能的舞台。

在他和伍廷芳的共同努力之下，中国近代第一所中央官办的法律专科学校——京师法律讲堂正式开办。沈家本出任学校管理大臣。

第5章

大理寺正卿

预备立宪与官制改革

1904 年末到 1905 年 9 月，日俄战争，最终日本战胜了俄国。为何小小的日本会战胜俄国这样一个庞然大国？因为立宪。于是，立宪思潮深入人心。袁世凯、张之洞等人联名上书，认为实行君主立宪有三大好处：一是皇位永固，二是外患渐轻，三是内乱可弭。请求清政府实行立宪政体，并提出了派遣官员出国考察其他国家宪政的要求。

清政府在权衡之后，于 1905 年 7 月 16 日，正式宣布派遣官员出访日本和欧美等国，进行实地考察。最初计划兵分两路，一路考察俄、美、意大利、奥地利等国家，另一路前往英、德、法、比利时等国。出发当天，革命党人试图用炸弹与他们同归于尽，但炸弹提前爆炸，有几人受伤，出行之事因此搁置下来。后来，他们低调出发，1906 年夏天，满载而归。听了五位大臣的汇报，清廷决定，学习西方，仿行宪政。7 月 13日，清廷颁布《宣示预备立宪先行厘定官制谕》，晚清官制改革由此开始。

第二天，慈禧颁旨，任命载泽、戴鸿慈、袁世凯等人为官制编纂大臣，庆亲王、首席军机大臣奕劻等为总司核定。四天以后，成立编制馆。大小官员们有的紧张，有的期待，有的惶恐，官场一片混乱。

两个月后，载泽、戴鸿慈、袁世凯终于向朝廷递交了《厘定中央各衙门官制缮单进呈折》。认为旧官制的弊病主要有三个方面：一是权限之不分，二是职任之不明，三是名实之不符。要求按照立宪国制，以立法、行政、司法三权分立为原则，对中央官制进行改革。改制方案初步明确：部院制改为内阁制。中央设资政院，作为立法机构。内阁下设十一部，执掌行政事务。

几天后，慈禧提出五不议原则：军机处不议，内务府不议，八旗事不议，翰林院事不议，太监事不议。"内阁军机处一切规制，著照旧行。"很明确，权力依然由清廷掌握。

清廷对各部进行了一些调整。直接牵涉到沈家本的是，撤销刑部，设法部与大理院。法部掌握司法大权，大理院则负责审判，法部进行监督。刑部当家堂官沈家本，在即将开始的官制改革中，首当其冲。

变革后的法部，由戴鸿慈任尚书，左侍郎绍昌，右侍郎张仁黼；沈家本离开法部，调到大理院任正卿，官至二品。从表面看，大理院正卿地位提高了，但仍低于各部尚书，与各部侍郎差不多。刑部的裁撤，使沈家本有些失落。

大理院正卿

清代，"刑部受天下刑名"，而"大理寺驳正"，由此可见，大理寺并无独立的审判权。晚清的官制改革将大理寺改为大理院，并专任审判，意味着中国几千年的官审制度结束，大理院正式成为全国最高审判机关，地位类似于今日的最高法院，而沈家本就是最高法院院长了。

大理院的发展经历了两个阶段：第一阶段主要是筹办事项，参照西方的"三权分立"模式，制定相关的审判组织法规，进行人员调配、经费筹措等事项；第二阶段主要是筹建各级审判厅，并制定配套的规章制度和实施细则。

沈家本上任的第一件事情就是筹设大理院。大理院的前身大理寺是清闲的，每年的办公经费也只有区区六百金，地位也低于法部。虽然百废待兴，朝廷对大理院的权限及与法部的关系都语焉不详，但沈家本却要求自己必须振作起来。

首先是办公场所与经费问题。他向朝廷奏请赏给衙署及公所，以资办公。朝廷将原来的刑部和工部所属的部分房屋划拨给大理院，经过改建，勉强可充作办公场所。他又向朝廷申请白银二万两的经费，朝廷虽已同意，但经费迟迟不到位。他在四处化缘的同时，又廓清官制改革之前的遗留案件。

其次是人员调配和培训问题。他裁撤冗员，调用新人，派员考察，培训新人。一个月后，大理院从各部调入司员四十一人，其中内阁一人，农工商部二人，法部三十八人。沈家本非常了解这些人，他们都堪称精英。

最后，沈家本向朝廷呈上《大理院审判编制法》。第一次对司法独立有了明确的法律表述。"自大理院以下及本院直辖各审判厅司，关于司法裁判，全不受行政衙门干涉，以重国家司法独立大权，而保人民身体财产。"第一次从法律上确定了民刑案件分理原则；初步拟定了大理院的设置和组织章程；规定了有关审判的基本制度，如审级、管辖、取证、合议制等；规定在各级审判厅内附设检察厅，首次确立了中国近代意义上的检察制度。

在《大理院审判编制法》中，明确了大理院的地位：全国最高之裁判所。主要权力是最高审判权与法律解释权。为使朝廷不至于过分反感，他保留了法部的重案复核权。12 月 12 日，《大理院审判编制法》获准执行。沈家本又马不停蹄地开始了京师各级审判厅的筹建。

部院司法权限之争

部院之争，就是法部与大理院权限不明的结果，晚清官制改革对此语焉不详为两个部门之间的争权夺利埋下了伏笔。

官制改革之前，清代中央司法机关主要由刑部、大理寺、都察院组成，即所谓"刑部主审，大理寺复核，都察院监督"。但实际的情形是，三个部门各自兼有司法审判与司法行政等多项职能，并在审判、复核程序上互相牵制，从而使最终的审判权掌握在皇帝手中。光绪三十二年（1906）九月二十颁布的中央官制改革上谕规定：刑部著改为法部，专任司法；大理寺著大理院，专掌审判。这意味着中央司法要由传统集权体制下的职能混合模式向"分权"体制下职能单一的模式转化。对于法部而言，在转变为单纯的司法行政机关的同时，必将失去司法审判权，其职权变化呈收缩之势；而大理院则成为最高审判机关。制度设计和现实之间的矛盾转化为部院之间的矛盾，部院之争不可避免。

谈到部院司法权限之争，有两个人物无法忽略。一是法部尚书戴鸿慈，另一位是他的副手——学政大臣张仁黼。戴鸿慈生于 1856 年，比沈家本年轻十六岁，二十岁考中进士，文名远扬。仕途也非常平顺，中了进士后，因科举考试出类拔萃，入选翰林院，基本上是文职，没有什么和民生相关的实践。在刑部待过一年，曾到欧洲考察，回国之后，力主立宪改革，很受慈禧的重用。虽然口口声声改革，但落实到法部的具体改革和筹建，他又感到力不从心。张仁黼比戴鸿慈年长几岁，生于1848年，二十八岁考中进士，也被选进了翰林院。学习一年以后，授编修，主要负责编修国史实录及会要等。1885年，出督湖北学政，充日讲起居注官，就是给皇帝写起居注，讲解经史，草拟有关典礼的文件。之后一直在教育部门工作。张仁黼的仕途与戴鸿慈相比，大同小异，只不过是运气不如后者罢了。他对法部更加陌生，因为之前从未接触过。

刚开始，大理院与法部还能相安无事。但随着人才不断从法部流入大理院，双方的矛盾开始出现，直到在春节团拜会上，两位长官的下属，公然发生争吵，矛盾终于公开化了。争吵的起端是关于两个部门的升迁和薪水，后来就转到两个部门的职能与权限的划分了。媒体也参与进来，《申报》也发出报道。

沈家本还是一贯的风格，默不作声。戴鸿慈则不然，一帆风顺的他从未有过如此境遇，郁闷中，写信向梁启超求援。梁启超声言要帮助法部。戴鸿慈和张仁黼于1907年5月14日向朝廷上了《奏酌拟司法权限缮单呈览折》。对部院的司法及审判权限进行了划分，他们将司法权等同于司法行政权，又将司法行政权、审判权、监督权全部纳入囊中。还附上清单，就法部与大理院的权限划分，提出十二条办法，延揽了大理院的大部分审判权与人事权，重案与死罪案件的复核权，凌驾于大理院的审判权之上，大理院几乎就是法部的下属。

光绪皇帝对法部的奏折谕令：从之。

沈家本上奏：法部与大理院虽同属司法机关，但"法部所任系司法中的行政，大理院所掌管的是司法中的审判"，界限分明，本无争议。"宪法精理以审判独立为要义，此东西各国之所同。"他逐条批驳了二人的观点，他的核心观点非常明确，就是争取审判独立。5月20日，他将奏折——《奏酌定司法权限并将法部原拟清单加具案语折》向朝廷呈上。光绪皇帝阅完奏折后，龙颜大怒，沈家本胆大妄为，竟然想纠正朝廷已经决定的事情，虽然言辞温和，方法通融，但置朝廷的颜面于何地？光绪皇帝的谕旨很快送达大理院，朝廷的态度已然明确：坚持和斥责。

沈家本考虑再三，依然决定再上一份奏折，内容如下：我认为司法独立于立宪关系至为密切。日本口岸开放之初，各国领事都具有领事裁判权。自维新以来，日本政府孜孜以求裁判统一，不到十年就使侨民服从于日本的法律。评论者认为，国力的骤然增强是因为立宪，其实司法独立的作用也隐含其中。如今我国进行官制改革，以法部专任司法，大理院专任审判。此为司法独立的前奏，也是制定宪法的开始。近来有些人因循以往的惯例，对此多有异议。这些人并不知道司法独立并非只是西欧通行，也是我国固有之良规。宋代的提点刑狱，元代的廉访司都是专管刑狱的。到了明朝，按察使与布政使便有了分工，其初各行省并未设督抚，按察使一官独管司法方面事宜，初不曾有人节制他。以行政官兼任司法，其害有四：一是州县一级的官员对法律和法律条文并不熟悉，他们事务繁忙，无暇修习法律；二是行政官事务繁忙，奸诈的胥吏和幕僚就会借机弄权；三是慎重刑狱形同虚设；四是领事裁判权难以收回。

沈家本将奏折上递，但石沉大海。

第二天，朝廷又下达一道谕旨：调大理院正卿沈家本为法部右侍郎；法部右侍郎张仁黼为大理院正卿。至此，部院之争不了了之。

法部与大理院的三位官员沈家本、戴鸿慈和张仁黼还是坐到一起，就奏折中所提到的驳正，进行了商榷。

最终，他们达成共识："大理院自定的死刑案件，先抄录犯人的口供作为奏本底稿，然后交法部复核。法部审阅后，三日内答复大理院，再由大理院备稿，送交法部会画，定期具奏。系立决人犯，送法部收监，等候处决；秋后人犯，定案后移送法部监禁；朝审册由法部核议实缓后，并照旧章奏请钦派大臣复核，黄册专由法部进呈。

"速议的案件，外省奏请奉旨后，专由法部核议的，如情罪不相符的，送交大理院，等到供词与调查的证据到后，援律驳正，仍由法部议定奏折，会同大理院具奏。

"汇集的死刑案件，外省奏请奉旨后交由法部议奏的，应令各省将供词与调查证据分别送达法部与大理院，由大理院复核，限二十日送交法部核定，再由法部具折复奏。如有情罪不符的，仍由大理院驳正后，再交法部议定，会同大理院具奏。

"大理院官制，拟会同法部具奏后，所有附设的总检察厅推丞及检察官，由法部会同大理院分别提出名单报批；其刑科民科推丞，应由法部与大理院会同协商，将大理院审判得力人员开列清单，由法部会同大理院一同上报，推事以下的官员，即由大理院会同法部奏补，以招揽汇集人才。

"外省接到法部的文件后，应立即遵照新的章程办理，将死罪案件的口供与调查证据，分别送交法部与大理院，听候大理院复判，法部核定；如未经收到法部文件时，业已交法部的核议案件，仍由法部照常办理，以免参差。"

商榷的结果，就是采取了这种办法，牺牲了效率，程序愈加复杂，法部与大理院共同呈上《会奏遵旨和衷妥议部院权限折》，部院之争就算告一段落。

沈家本司法独立和审判独立的尝试基本失败，但他认为自己还有一项工作要做，就是启蒙。在为赴日调查员董康等编写的《裁判访问录》所作的序中，他深刻而形象地解释了司法独立与审判独立。其大意为：

人是生活在社会群体中的，在群体中就会有争论，有争论就会有诉讼，争讼不已，社会将会失去安定，陷于混乱。裁判者，就是平息争讼保护社会治安者。

古今中外风俗不同，裁判方法各异。如果因为其存在差异，使用强力使之相同，势必会产生隔阂，于是阻力重重。我国上古之时，风俗淳朴，律例简单。中古以来，风俗淳朴不复，人与人之间的矛盾加剧。如果仍以简易律例行之，就不能维护社会的稳定。因之，自秦以来，裁判各自为法。汉有读鞫、乞鞫之律，但都没有保留下来。《唐律》规定拷问囚犯不过三次，囚犯不承认，便可取保释放。而今天并无这样的规定，这便是古今不同之处。

西方各国，司法独立，任何人都不得干涉司法裁判。即便是君主与总统，也只有赦免权，而无改正权。中国则由州县而道府，而司，而督抚，而部，层层辖制，不能自由。从前权力颇有独立之势，但大理稽察，言官纠劾，所谓每每牵制，而不免掣肘。

西法无刑讯，而中法以拷问为常。西法虽是重犯，审问时仍允许其站立；中法即便犯人是宗室成员，审问时犯人亦要长跪在地。无论古今，中西的法律裁判所凭据的供与证都是不同的。中法供、证兼重，有证无供，便难以判决。《唐律》中判决囚犯时证据服从供认，今律继承了这一点。可见中法重供，相沿已久。西方重证不重供，有证无供，是死罪亦可论决。这是中西方法律不同的地方。

现在，我国许多崇拜西法者，未必都能深明其法之原本，不过借此炫耀自己，几乎跟随西方，亦步亦趋。而墨守先古者，又鄙薄西方，认为事事不足取。其实，西法之中，是有与古法相同之处的。如以罪行宣判刑罚，即周之读书用法，汉之读鞫乃论，唐之宣告罪犯状也。狱之调查，即周之岁终计狱，弊讼送达天府；宋之类次大辟（死刑），要上奏朝廷。如大司徒所管辖的乡、遂大夫诸官，各掌乡、遂的政教禁令。而大司寇所管辖的乡士、遂士、县士，则主管乡、遂、县中的监狱司法等事宜，此与乡、遂的其他官员分工明确，此为行政官与司法官各有分工。不像今日州县行政、司法混合为一，所以中国的古法与西法很相同。

古法不同于当今又不行于当今的地方，并非古法不如今法，或者古胜于今。而现在的人学习今天的法律，一言古法就以为泥古，或以古胜于今而议之。认为古法全可以行于今，诚然不对。认为古法全都不可以行于今，也是不对的。西法对于中法，也是这个道理。现在，我们正处于一个变化的时代，仍有积重难返之势，不认真研究法律的宗旨是什么，又有何经验可借鉴，舍弃考察，怎能得到真谛？

西方裁判制度，英美为一派，德法为一派，大略相同，而略有差别。日本多取诸德法，然又与德法不尽相同。立法是人民行为的准则，立法一定要以人民的利益为上，然后才可以保护人民。即如陪审官，最早创建于英国。英以自治为国，所以此为重。法国实行民主之后，经人民要求，亦用此制，德国也仿行，然而，都不如英国出于习惯自然。所以，日本不用此制，而另设检事一官。这也是东方与西方不同之处。凡此种种不同，仍然是因为各国的政教风俗不同的缘故，不能使之强同。根据本国的民情制定法律，古今中外都一样。

中国现在刚刚开始讨论修改裁判制度，而礼教风俗与欧美不同。即使日本同为亚洲之国，也不尽相同。如果，遽然之间要让中国的法律与西方相同，其阻力固然会很大。我法不善者当去之，当去而不去，是为悖。彼法之善者当取之，当取不取，是为愚。

日本斋藤参事所叙述的裁判制度，可以说已经十分详备，宗旨如何，经验如何，大致都在其中。研究法律者，不要固执地因循守旧，不愿变通。只要能够维护社会治安，推动社会发展，又何必以古今中外的不同之见，来阻碍我们呢？

沈家本参与制定的《法院编制法》，共十六章，一百六十四条。其编目为第一章：审判衙门通则；第二章：初级审判厅；第三章：地方审判厅；第四章：高等审判厅；第五章：大理院；第六章：司法年度及分配事务；第七章：法庭之开闭及程序；第八章：审判衙门之用语；第九章：判断之评议及决议；第十章：庭丁；第十一章：检察厅；第十二章：推事及检察官之任用；第十三章：书记官及翻译官；第十四章：承发吏；第十五章：法律上之辅助；第十六章：司法行政之职务及监督权。另设附则一条。

《法院编制法》是晚清一部比较全面系统的各级审判机构组织法，彻底否定了中国传统的封建审判诉讼制度，将近代大陆法系国家的四级三审制、审判独立、公开审判、检察官公诉、合议制等审判制度和原则移植过来，体现了沈家本等人倡导的近代西方司法制度和观念的思想。在宪政编查馆奏呈《法院编制法》的奏折中，重申了司法独立的原则，认为审判权与司法行政权应互不干涉，审判机关与司法行政机关应各专责成，并以此为依据重新明确了部院权限。

修订法律馆

法律馆，即原来的律例馆，其主要任务为修订律例。官制改革后，更名为法律馆。之前一直由沈家本负责。沈家本由刑部至大理院后，张仁黼意图染指法律馆。他任大理院正卿还不到二十天，就上奏朝廷，恳请朝廷设修订法律院，钦派部院大臣会订。他的方案是：主事者一，成事者三。主事者是指立法机构；成事者，则是指修订法律的宗旨、明确法律的性质、编撰法律成典。他主张以中国法系为主，而辅之以罗马、日耳曼法系。

他将矛头直指沈家本：修订法律，以颁布中外，垂则万世，若仅委诸一二人之手，天下臣民，或谓某某氏之法律，非出自朝廷之制作，殊非所以郑重立法之道也。

沈家本看到奏折后，读出了危险。深思熟虑之后，他向清廷递交了一份奏折，以学识浅薄，年老体弱为由，提出解除修订法律职务的请求，不过，他请求朝廷再给他三个月的时间，让他完成手头工作，然后彻底离职。

沈家本所称的未完成的工作，指的就是修律。他不想放弃《大清新刑律》的修订工作。朝廷对张仁黼和沈家本的奏折态度一致：未置可否。沈家本不再等待，而是投入修律的工作中去了。

树欲静而风不止。1907 年 6 月 9 日，由戴鸿慈牵头，会同法部、大理院联合上奏《修订办法折》，提出编纂法典必须有主事之政策，行事之机关，议事之方式。主事的政策为采取各国之法，编纂大清国法律全典，于守成、统一、更新三主义兼而存之。关于行事机关，建议修订法律馆由法部和大理院共同主持。议事方式为，由修律大臣督同纂修员起草，无论何种法律，凡未经议决者，皆谓之法律草案。草案之后，各附理由书。每草案成，由会定大臣逐条议之。其督抚、将军之有责，亦应随时特派司道大员来京会议，参照议院法，分议决为认可与否决两种，皆从多数为断。其否决者，必须声明正当理由，修订大臣应和纂修员改正再议，议决后由修订大臣奏请钦派军机大臣审定，再行请旨颁布。

如此繁复的程序，目的只有一个：使法部尚书和大理院正卿牢牢地掌握权力，而将沈家本排除在外。

这次上奏后，朝廷下了谕旨：着考察政治馆议奏。考察政治馆忙于预备宪政的筹备，无暇顾及修订法律馆。1907 年 7 月 5 日，考察政治馆更名为宪政编查馆。修订法律馆的事务还是没有提到议事日程。

沈家本利用这一空隙，加快了他立法的节奏：1907 年 8 月 2 日，他接连向朝廷上了三本奏折：《酌拟法院编制法缮单呈览折》《法院编制法草案》《旗人遣军流徒各罪照民人实行发配折》。8 月 18 日，他会同民政部，向朝廷进呈《大清违警律草案》。8 月 26 日，修订法律馆完成了《大清新刑律》总则部分的草拟，沈家本又上奏《刑律草案告成分期缮单呈览并陈修订大旨折》，详细阐述制定《大清新刑律》的必要性。因为预料到新律的颁行会引发怎样的滔天巨浪，他小心谨慎地从历史和圣人中寻求佐证。

9 月 5 日，宪政编查馆大臣奕劻，拿出一个修订法律方案。

庆亲王奕劻堪称话题人物。他出身皇家，是乾隆帝十七子永璘的孙子，辅国公绵性的长子。1901 年，出任总理大臣，1903 年，任军机大臣。他和慈禧有远亲关系。他以亲王身份，为李鸿章的洋务运动、袁世凯的革新充当保护伞，英国公使窦纳乐认为，奕劻是推动中国政府进步的一个杠杆。当八国联军攻进北京时，是他和李鸿章收拾残局。他的贪婪和腐败闻名天下，而他却毫不掩饰，反倒招摇过市。

奕劻的奏折太令人出乎意料。他观点鲜明，毫不拖泥带水，将戴鸿慈和张仁黼的观点一一批驳，毫不留情。奏折先从行政设置的角度，指出修订法律馆是为编纂法典而设，所编撰的法典草案，是要由宪政编查馆来核定的，所以不需要再由王公大臣来管理，以免重复。紧接着又从理论上进行了分析：如果修订法律馆划归法部与大理院管理，是以立法机关混入行政及司法机关之内，大大违背了三权分立的精神。所以，不能由法部和大理院来主持修订法律馆。与此同时，他从宪政编查馆自身权力考量，提出考覆法律草案，咨请皇帝允准之权。言外之意是，把修订法律馆的权力掌控于自己手中。

这份奏折使一直争执不休的修订法律馆的讨论画上了句号。9月5日，光绪皇帝谕旨：宪政编查馆奏，请派修订法律大臣一折。着派沈家本、俞廉三、英瑞充修订法律大臣，参酌各国成法，体察中国礼教民情，会通参酌，妥慎修订，奏明办理。

9月6日，光绪皇帝又下诏，修订法律馆正式脱离法部，并独立于大理院。沈家本也被正式任命为修律大臣，部院之争终于尘埃落定。

晚清的司法改革是从中央司法机关——法部和大理院的转型开始。法部既要对自身进行改造，也要调整好部院之间的关系，最终实现司法独立。部院之争的曲折复杂，恰好反映出司法独立进程的艰难。沈家本是这一进程的见证者，也是解读这段历史的关键。

第6章

修律大臣：以法律来整治破碎的山河

网罗人才

在清廷错综复杂的人事关系中，沈家本是矛盾各方都能接受的人物。原因一是沈家本已是老者，二是他从未表现出野心。沈家本终于迎来一个重要机遇：专任立法，草拟各种草案。这一直是他的心愿。

他的搭档英瑞，任命后不久就重病身亡了。另一位是俞廉三，生于1841年，浙江绍兴人。俞廉三的曾祖父、祖父、父亲都是闻名的幕吏。他的仕途还算平顺，是由基层做起。他还是一个好官，亲自主持赈灾、禁烟。俞廉三在太原府待了十五年，政绩斐然。俞廉三与法律也是有隔膜的，但有别于戴鸿慈、张仁黼，他从基层做起，深知民间疾苦。从地方来到京城，又是自己不熟悉的领域，所以他不像所谓的京官那般自视甚高，倒是多了几分练达。

沈家本和俞廉三从整顿律例馆入手。官制改革后，刑部改为法部，沈家本由法部当家堂官成为大理院正卿，律例馆就无人过问，加之官制改革，很多律例馆的工作人员都另谋出路，律例馆一片凋敝。

沈家本又陷入筹建大理院的忙碌之中，经费与人才，让他焦头烂额。此刻，俞廉三丰富的办事经验帮了他不少忙。两位修律大臣先上呈了一份奏折，提出参考各国成法，必须先调查。同时，对人才调用、经费拨付等问题一一提出奏请。

朝廷很快批准，人员到位也很迅速，但经费的问题却大费周章。最终，拿到了能够运行的费用。沈家本将法律馆将要从事的事项上奏朝廷，包括：拟定奉旨交议的各项法律；拟定民法、商法、刑法、刑事诉讼法、民事诉讼法诸法典草案及其附属法，并奏定刑律草案之附属法；删订旧有律例及编纂各项章程；编译各国法律书籍。内设二科三处，还拟订了法律馆办事章程十四条。

重新开张的法律馆，就在铁香炉胡同里一处小小的四合院。环境逼仄，设施简陋。法律馆的二科三处就分布在这里。第一科负责民律、商律的调查与起草。第二科负责刑事诉讼律、民事诉讼律的调查与起草。三处为：译书处，负责编译各国法律书籍；编案处，负责删订旧有律例，编纂各项章程；庶务处，负责文牍、会计及其他杂务，相当于今日的行政部门。这些机构承担着修订旧律、起草新律的艰巨任务。

基本安顿下来后，沈家本和俞廉三开始联手搜罗人才。很快，三十名精英调入法律馆，其中多数是海外归来的留学人才，如：

王宠惠　北洋大学法科毕业，美国耶鲁大学法学院博士。

陈　箓　法国巴黎大学法学博士。

章宗元　美国加利福尼亚大学理财科留学生，1907 年法政科进士。

李　方　英国康伯立舒法律科毕业，1906 年法政科进士。

章宗祥　留学日本明治大学法科。

曹汝霖　日本东京法学院毕业，1905 年法政科进士。

陆宗舆　日本早稻田大学政经科毕业。

吴振霖　留学日本帝国大学法学法科。

范熙壬　留学日本帝国大学法科。

江　庸　留学日本早稻田法制经济科。

张孝移　留学日本法政大学。

严锦镕　留学美国哥伦比亚大学法政科。

…………

名单很长，这里面的不少名字在中国近现代史上都是耀眼的。

除了海归外，原先刑部的俊杰也被他网罗进来，许多年轻一代没有海外留学经历，沈家本为他们提供去日本短期学习的机会。为了留住人才，政策也十分灵活，这些人可以不坐班，并兼任其他部门的职务，薪水很高，甚至超过两位修律大臣。

沈家本网罗的修律人才囊括了吏、户、礼、兵、工各部的人员，沈家本这样安排是因为刑部律例与各部有关，五部人员熟悉各部则例，不会在修律中产生歧义。以前，制定律例只用刑部的人员，刑部之例与五部之例会产生矛盾，互相抵触，最后的结果就是形同虚设。

为加快修律的进程与提高质量，沈家本又提出调员派充咨议、顾问与参谋。所调人员，从内阁候补侍读、翰林院编修、外务部郎中、吏部左丞等，直至直隶候补知府、前河南候补知府、奉天署义州知府、北洋法政学堂监督，共计六十四人。调用这些人的原因在于他们"处于法制要端，风俗习惯，各当报告条陈，用作参考。立法事巨，总是期望集思广益，折衷至当，藉以传达朝廷通便宜民的诚意"。可见沈家本心思之缜密，胸怀之广博。

当时任修订法律馆纂修的江庸，曾写过一篇题为《法律大臣重视人才》的文章，文中写道："前清修订法律大臣沈公家本，实清季达官中，最为爱士之人。凡当时东西洋学生之习政治、法律，归国稍有声誉者，几无不入其彀中……"

沈家本不仅深知人才的重要，对外国的法律也完全是开放的态度，他对能够找到的各国法律方面的书籍细细研读。他还去请求朝廷，督请各省搜集通志、法律和有关典章制度及礼教民情的书籍，送往修订法律馆，以备参考。他想从中梳理中国法律形成的脉络，从而取其精华，去其糟粕。沈家本为搜集到的古代法律和法学著作书写了大量的序和跋，这也是沈家本作为中国律学集大成者的一个重要标志。

考察日本法制

虽然，近代中国知识分子曾把学习的对象锁定为英美，但最终晚清法制变革的参照对象却是日本。这主要源于五大臣的出洋考察。他们认为，美国以工商立国，讲求民权，与中国政体相去甚远。而日本和德国，君有独尊之权，君主立宪非常适合中国。

在五大臣考察的基础之上，清廷出于维护旧政体，保持封建君权的目的，作出了"远法德国，近采日本"的决定。

沈家本认为，学习日本法制，必须进行实地考察。光绪三十一年（1905）九月十七日，沈家本和伍廷芳联名上《奏定新律折》，奏请派员考察日本法制，指出，要制定出符合中国社会实际并能与国外法制相通的法律，必须进行实地考察。日本与中国相距甚近，最易取资。考察的具体内容为日本的诉讼裁判法及各裁判所的实际审判情况；日本法律的修订、颁布等法制沿革情况，尤其要了解相关翻译著作中没有提及的部分；日本的监狱制度；日本法学家的法理研究。

赴日考察于光绪三十二年四月正式成行。考察组由董康、麦秩严和熊垓三人组成，随行的还有自费游历的两位官员。

考察小组一行所获甚丰。他们与日本司法省参事官斋田十一郎、监狱局事务官小河滋次郎、松冈义正和青浦子爵等人密切接触，并对日本的诉讼程序主要是刑事诉讼中的起诉、逮捕、审讯、监狱、死刑执行等内容进行了考察。同董康等人一同考察的王式通记载："出则就斋藤（斋田十一郎）、小河（小河滋次郎）、冈田（松冈义正）诸学者研究法理；入则伏案编辑，心力专注，殆无片刻；暇自顾玩愒。"八个月后，满载而归。之后，修订法律馆还陆续派人到日本考察。

呈送清廷的调查清单共分两部分：调查裁判清单和调查监狱清单。编入《调查日本裁判监狱报告书》的，除两个清单之外，附有松冈义正著《日本裁判沿革大要》和冈田朝太郎著《死刑宜止一种论》，以及沈家本的奏折两件。

这次调查对晚清法制变革而言，意义重大。沈家本更加坚定了司法独立的思想。在《调查日本裁判监狱情形折》中，沈家本认为："伏查司法独立与立宪关系至为密切。日本开港之初，各国领事俱有裁判之权。逮维新以来，政府日孜孜于裁判统一，不数十年，卒使侨民服从其法律之下。论者谓，国力之骤张基于立宪，其实司法独立隐收其效。"他坚定地认为："司法独立为今刻不可缓之要图。"晚清的审判制度和新式监狱制度，几乎等同于日本。考察日本的成果对于沈家本筹建大理院帮助很大。晚清审判机关的审级内部机关组织、审级划分和审理程序设置，都非常接近日本裁判所制度。

日本考察归来，董康撰写了《裁判访问录》和《监狱访问录》，随行的自费游历官员熙桢撰写了《调查东瀛监狱记》一书。《裁判访问录》和《监狱访问录》分别为斋田十一郎的著作和小河滋次郎的演讲，深入浅出，非常生动。赴日考察组还带回了很多外国法制研究资料，这些资料对当时的修律起到了很大作用。而且，董康在日本还多方搜集中国古代法律典籍带回中国。

聘请日本专家

最早提出聘请外国专家参与中国立法的是刘坤一、张之洞。张之洞在《江楚会奏变法三折》中提出："在日本访求精通法律学之博士一两人，来华助我考订法律，尤为有益。"法律馆将其视为一个重要的方针：延聘东西各国精通法律之博士、律师，以备顾问。受经费的限制，所聘专家皆为日本专家，他们是冈田朝太郎、小河滋次郎、松冈义正、志田钾太郎。这几位日本专家自始至终参与了晚清法制变革。

沈家本、俞廉三原打算聘请日本法学博士、当时日本最著名的梅谦次郎为民商法起草员，但因其无法长期离开日本而推荐冈田朝太郎。冈田朝太郎生于 1868 年，1891 年毕业于日本东京帝国大学，专业为法国法。大学毕业后，考进研究生院，专攻刑法。1893 年，留校任教。第二年便升为副教授。1897年，留学德国，1900 年回到东京帝国大学，升任教授。1901年，获得日本帝国大学法学博士学位。冈田朝太郎在日本刑法教学和研究领域知名度很高。1906 年 9 月，冈田朝太郎应沈家本和伍廷芳的邀请，来到中国担任修订法律馆顾问，参与起草《大清刑律草案》《大清刑事诉讼律草案》和《法院编制法草案》，同时还担任京师法律讲堂的教习。法律馆以年薪一万零二百银圆聘请他。他是沈家本接触到的第一位外国法律学者。沈家本主持修订的《大清新刑律》前后易稿四次，冈田都参与其中，并提出自己的意见。他还参与《法院编制法》审查。中国政法大学图书馆特藏部至今还珍藏着《法院编制法最初之稿》，封面上写着：冈田朝太郎创稿，曹汝霖译，沈家本、刘若曾同订。冈田著述也颇丰，著有《（汉文）刑法总则讲义案》《法学通论讲义》《大清刑律草案大清违警律》。冈田朝太郎在《法学通论讲义》中说出自己著述的目的，一是为有志法学者计之，则入门之钥也，登高之梯也。为其余学者计之，则普通学之一也，参考学之一也。

松冈义正，生于1870年，毕业于日本东京帝国大学，法学学士。曾任会计检察院惩戒所裁判官、判事，东京上诉法院的推事。他来华后，主持民法的修订，还给京师法律学堂的学生讲授民法。

小河滋次郎是日本监狱局事务官。生于1861年，先后就读于东京监狱专科学校和东京帝国大学，之后留学德国柏林大学，回国后就职于内务省警保局和司法局监狱。后受聘于东京帝国大学法科，为监狱学讲座教授。他代表日本出任万国监狱会议委员，连任八届。他来华后，担任修订法律馆的狱务顾问，兼任法律学堂监狱学的讲师。

志田钾太郎，生于1868年，1894年毕业于东京大学法科，后进入研究所主攻商法。1898年留学德国，1903年获得法学博士，被聘为东京大学教授，为日本著名商法专家。1908年，到法律馆工作。他参加筹备草拟完全现代的商法，还在京师法律学堂讲授商法学等课。

四位日本法学家的聘请工作，具体由沈家本完成。沈家本和他们相处融洽，和冈田朝太郎关系尤为密切，两人不仅共同修律，还经常进行学术探讨、磋商。冈田朝太郎还参与后来的礼法之争，为沈家本助阵，他对其中的焦点问题"无夫奸"和"子孙违犯教令"发表了精辟的见解。

沈家本也给他们开出了优厚的待遇：当时法律馆的经费捉襟见肘，常年经费三万两，两万两开办经费。而沈家本给日本专家开出的年薪为：冈田朝太郎一万零二百银圆，小河滋次郎一万一千四百银圆，松冈义正和志田钾太郎九千六百银圆。仅私人的年薪就相当于修订法律馆常年经费的 1.3 倍。他们的到来，使沈家本如虎添翼。短短五六年时间里，刑法、民法、商法、诉讼法、法院编制法、监狱法等法典草案纷纷制定，中国法制近代化有了实质性进展。几位学者的著作，对于国人理解西方的法律术语，建立中国近代化的法学理论体系也起到了重要作用。

主持民商事习惯调查

光绪三十四年（1908）开始，沈家本领衔的修订法律馆发起中国历史上第一次全国范围内的民商事习惯调查。调查的缘起主要是清末修律的宗旨就是"务期中外通行"，也就是说，参酌各国法律的同时，还要关注本土的风俗习惯。部院之争时，张仁黼曾经就沈家本等人修订的《大清民事刑事诉讼法草案》发难，以"一国之法律，必合乎一国之民情风俗"为理由攻击沈家本，沈家本在"修订法律馆权属之争"后，将民商事习惯的调查提上日程。而且，沈家本一直主张"求最适于中国国情之法则"，进行民商事习惯调查也就不足为奇了。

民商事习惯调查分两个阶段进行，先调查商事习惯，后调查民事习惯。鉴于东南各省已经形成一定的商人阶层和商业市场，还有较为完备的商人登记、商标、雇工、代理和抵押等制度，沈家本奏请调查东南民俗商情。为使调查能够收到实效，沈家本还专门制定了《法律馆调查各省商习惯条例》，分总则、组合及公司、票据、各种营业和船舶等五章，对调查事项、方针和具体涉问内容作了详细规定。

沈家本奏调朱汝珍主其事。朱汝珍（1870~1942），曾被晚清学部选派赴日本东京法政大学法政科学习，"洞彻法理""学有心得"。他率调查人员从直隶出发，遍历直隶、江苏、安徽、浙江、湖北、广东等省进行商事调查。据《东方杂志》报道，调查结果不尽人意。这是专制国家官民隔膜的必然结果，但沈家本倒还乐观，认为调查取得了预期的效果。

随后，又进行了民事调查。民事调查由修订法律馆纂修许同莘负责，并聘请各处通晓法律人员进行调查，调查从江苏开始，足迹遍布全国。按照《调查民事习惯章程》，调查员仅到各省省会，商同各省调查局所共同进行，调查员于应行调查之间，如有力所不及者，则商请咨议官协助办理；调查员与在省绅士会晤讨论，由调查局或提法司、按察使安排，讨论时将修订法律馆所提出的问题发交研究；各地绅士无人在省，由调查局或按察使将问题发交地方官，转绅士研究，按限答复；调查时遇有各处乡族规、家规，容有意美良法，勘资采用者，尽量予以采访搜集，并随时寄交修订法律馆；各处婚约、合同、租券、借券、遗嘱等项，也尽量搜集，并汇寄修订法律馆。

清末民事习惯调查规模很大，并取得了巨大成功，仅民事习惯调查报告就多达八百二十八册。其成功一是得益于调查局制度。调查局是宪政编查馆奏请设立的，根据宪政编查馆的要求，各省在光绪三十四年年底以前，均设立了调查局，并分别建立了包括法制、统计、调查、庶务、书记、核对、收发等内容的办事章程，沈家本发动的民商事习惯调查，得到了调查局的大力支持。二是得益于修订法律馆所建立的咨议官制度。咨议官制度，就是"甄访通晓法政，品端学粹之员，分省延请，以备随时咨商。凡各省习惯及各国成例，得分别派员或咨请出使大臣调查"。咨议官基本上是由清末的法政专家组成，如果修订法律馆派出调查人员赴各地调查，当地咨政官有接洽协助的义务。

清末民商事习惯调查对清末立法产生了重大影响。《大清民律草案》第一条开宗明义："民事，本律所未规定者，依习惯法；无习惯法者，依条理。"其亲属和继承两编被誉为"中西文明和文化的第一次大交融"。不仅如此，还引起了社会对习惯的关注，进行社会调查的热情，尊重本土文化的风尚。1917年，北洋政府启动了民国民商事习惯调查，为《中华民法典》的制定奠定了坚实的基础。

创设近代程序法

清末法制变革最集中、变动最大的领域当属司法，因为中国传统上并无独立的司法权力，缺乏程序正义的观念。所以总体上可以说，沈家本晚清修律十年，实际上就是废除传统的封建司法制度，通过引进外国的经验来建设中国近代司法制度的十年。在部院之争时，沈家本已经充分阐释了司法独立的思想，在清末修律时期，更集中地展示了他的司法制度构建的思想。

法律规范有实体法和程序法之分，实体法规定的是权利和义务，而程序法规定的是权利和义务实现的步骤和方式。马克思说过，实体法和程序法就像植物血肉和植物外形之间的关系。中国古代有诉讼法的规定，如中国历史上第一部比较系统的封建成文法典《法经》中盗、贼、囚、捕、杂、具六篇中，囚、捕、具中都涉及诉讼法的内容。但直到清末，都没有专门的诉讼法。

沈家本在光绪三十二年（1906）四月初二上奏的《诉讼法请先试办折》中，详细阐释了他对近代诉讼法的指导思想、原则，以及改革中国传统诉讼制度的路径的认识。指出实体法与程序法之间的关系，应将民事诉讼与刑事诉讼分开，阐述了引进外国诉讼法制的必要性，确定了以日本为模式引进外国司法制度的总体思路。沈家本为创设近代程序法制定了三个法律文本草案，即《大清刑事民事诉讼法草案》《大清刑事诉讼律草案》和《大清民事诉讼律草案》。

光绪三十二年（1906）四月初二，沈家本向清廷上奏中国历史上第一部专门的诉讼法草案——《大清刑事民事诉讼法草案》。该草案合刑民诉讼为一编，下分总纲、刑事规则、民事规则、刑事民事通用规则、中外交涉案件五章，共二百六十条，另附颁行例三条。

《大清刑事民事诉讼法草案》吸收外国先进司法制度经验，一改将民刑诉讼程序混杂编排的格局常态，将诉讼规则分为刑事规则、民事规则和刑事民事通用规则三个部分，将民事案件和刑事案件审理程序进行剥离。还规定了设律师和陪审员，已经非常接近西方诉讼法制。

在随后的全国各地征求意见中，《大清刑事民事诉讼法草案》遭到了几乎一边倒的反对之声。反对最激烈的就是张之洞。他认为封建纲常名教为制定新法的指导思想，"亲亲之义，男女有别"是根本，但沈家本制定的《大清刑事民事诉讼法草案》完全背离了这些。张之洞还指出，不应该在实体法之前制定程序法。张之洞是力保沈家本进行修律的晚清重臣，他既然公开反对《大清刑事民事诉讼法草案》，沈家本不便反驳和坚持，结果就是《大清刑事民事诉讼法草案》被无限期地搁置起来。

沈家本只好组织力量分别制定《大清刑事诉讼律草案》和《大清民事诉讼律草案》。两部草案在宣统二年十二月二十四日（1911 年 1 月 24 日）同时完成。同日，沈家本与俞廉三一同将《大清刑事诉讼律草案》上奏清廷，并陈述《大清刑事诉讼律草案》的修订大旨：

一曰诉讼用告劾程式。诉讼程式有纠问、告劾之别。（相当于今日公诉与自诉。纠问由官府提起，不告亦理；告劾为自诉，不告不理。）

二曰检察提起公诉。（伐罪行为危害国家安全的，由代表国家的检察官提起公诉。）

三曰摘发真实。其义有三：一为自由心证，一为直接审理，一为言辞辩论。

四曰原被待遇同等。（不是地位相同，而是诉讼中享有同等便利。）

五曰审判公开。

六曰当事人无处分权。（在刑事诉讼中，当事人无处分权。民事诉讼中，当事人有处分权。）

七曰用干涉主义。（刑事诉讼当事人无处分权。由审判官判断。）

八曰三审制度。（同一案件，不服第一审可以提起控告而请求第二审，不服第二审可以提起上诉而请求第三审。）

《大清刑事诉讼律草案》采纳各国刑事诉讼法通例，特别是借鉴日本明治二十三年（1890）颁布的《日本刑事诉讼法》编制而成，凡六编十四章五百一十五条。第一编总则，分审判衙门、当事人、诉讼行为三章；第二编名曰"第一审"，分公诉、公判两章；第三编上诉，分通则、控告、上告和抗告四章；第四编再理，分再诉、再审和非常上告三章；第五编为特别诉讼程序，包括大理院特别权限之诉讼程序和感化教育及监禁处分程序两章；第六编为裁判之执行。《大清刑事诉讼律草案》完全异于传统的诉讼程序，它的制定标志着中国古代重实体轻程序的传统的终结，是中国刑事诉讼法现代化之开端。

宣统二年十二月二十七日（1911年1月27日），沈家本和俞廉三又一同向朝廷上奏，申明制定《大清民事诉讼律草案》

的必要性和过程。大意为，司法要义，除了公权，保护私权，也是至关重要。各国法律虽然差别很大，但相同之处都是制定民法，规定基本权利，再通过民事诉讼法保证权利得以实现。中国历史上一直民刑不分，刑事诉讼虽无专门立法，但办案的程序都有相关的规定，而民事诉讼却阙如。如果不抓紧制定民事诉讼法，必然会产生诸多问题。

沈家本将修订法律馆编纂《大清民事诉讼律草案》的大旨归纳为四个：一是明确审判权。二是明确双方当事人及其诉讼代理人的权利和义务。三明确诉讼程序。四是特别程序的规定。他和俞廉三还强调，日本和德国的民事诉讼法，既规定诉讼关系，又规定执行关系。诉讼关系旨在确定私权，执行关系主旨在于实行私权，二者不可混同。

《大清民事诉讼律草案》共四编二十二章，八百条，篇章结构基本等同于日本明治二十三年颁布的《日本民事诉讼法》，第一编审判衙门，共五章。第一章事物管辖，第二章土地管辖，第三章指定管辖，第四章合意管辖，第五章审判衙门职员之回避、拒却及引避。第二编当事人。共七章，分别为能力、多数当事人、诉讼代理人、诉讼辅佐人、诉讼费用、诉讼担保、诉讼救助。第三编为通常诉讼程序，共五章。第一章为总则，共八节，为当事人书状、送达、期日及期间、诉讼行为之濡滞、诉讼程序之停止、言词辩论、裁判、诉讼记录。第二章地方审判厅之第一审诉讼程序，分起诉、准备书状、言辞辩论、证据、裁判、阙席判决、假执行之宣示等七节。第三章初级审判庭之诉讼程序。第四章上诉程序。包括控告程序、上告程序、抗告程序三节。第五章再审程序。第四编特别诉讼程序，共五章。第一章至第四章分别为督促程序、证书程序、保全程序、公式催号程序。第五章人事诉讼，分设禁治产宣告程序、准禁治产宣告程序、婚姻事件程序、亲子关系事件程序等四节。

遗憾的是，《大清刑事诉讼律草案》和《大清民事诉讼律草案》尚未实施，便随着清王朝的覆灭而被搁置起来。直到1912年5月9日颁布的民国司法部令中被明确宣布部分援用。《大清刑事诉讼律草案》被援用至1922年北洋政府颁行新的《刑事诉讼条例》时为止，《大清民事诉讼律草案》经过修正，编成《修正民事诉讼律》三十四编八百条，一直沿用到1935年南京国民政府颁行《民事诉讼法》为止。

创设近代民商法

中国古代刑法和行政法比较发达，而民商法则较弱。在沈家本的主持下，建立了近代民商法。

康有为与中国近代第一部民法典的产生颇有渊源。早在光绪二十四年（1898）正月初八，康有为在《上清帝第六书》即所谓《应诏统筹全局折》中，首次提到民法的制定问题："民法、民律、商法、市则、舶则、讼律、军律、国际公法，西人皆极详明。""今宜采罗马及英、美、德、法、日本之律，重定施行。"这是晚清第一次明确提出仿照资本主义法律制定民法的主张。民政部在光绪三十三年四月奏请速定民律，论证了速定民法的理由，介绍了各国民法的大略，展示了现代民法的基本内容，预测了民法制定以后政通人和的结果，并具体提出制定民法的步骤和领导机构。大意为，世界各国的法律有公法和私法。公法者，划分国家与人民之间的关系，如刑法。私法者，划分人民和人民之间的关系，如民法。二者相辅相成，不可偏废。……各国民法编制不同，但指导思想与基本原则大同小异。比如，物权法对私有财产的保护，亲族法明确伦理关系，继承法杜绝继承纠纷，都是基本原则。此为政通人和的基础。中国律例，民刑不分，民法的称谓，曾经出现于文化典籍。历代的法律条文，都有关于财产婚姻等的规定，接近民法，但内容残缺，未成体系，……必须加快制定民法，请修律大臣斟酌风土人情，参照各国政法，厘定民律，实乃当务之急。

清廷旋即批准："如所议行。"

光绪三十三年十月初二，沈家本等向清廷上奏，提出"应以编纂民法、商法、民事诉讼法、刑事诉讼法诸法典及附属法为主，以三年为限"，并且说明起草时应遵循的方法，即通过翻译、派员出国考察、聘请外国法律顾问等，先了解各国最新法学及现行法制，再体察中国情形，斟酌编辑，使之融会贯通。光绪皇帝同意以后，《大清民律草案》的编订工作便提上议事日程。

《大清民律草案》的总则编、债权编和物权编由当时担任清政府法律顾问的日本法学家松冈义正负责起草。涉及礼教部分会同礼学馆起草，由章宗元和朱献文（京师大学堂速成科第一期保送日本的留学生，获法学学士学位）负责起草亲属法编，高种（日本中央大学法学学士，时任修订法律馆纂修）和陈箓负责起草继承法编。

沈家本等人确定《大清民律草案》的立法指导思想为：注重世界最普通之法则；原本后出最精之法理；求最适于中国民情之法则；期于改进上最有利益之法则。经过几年的努力，《大清民律草案》草成于宣统二年十二月（1911 年 1 月），该民律草案采用了当时最先进的法典编制方法和法律理念，几乎所有先进的法律制度都包括在内。

《大清民律草案》共一千五百六十九条，五编，三十六章。总则编分八章，三百二十三条，债权编八章，六百五十四条，物权编七章，三百三十九条，亲属编七章，一百四十三条，继承编六章，一百一十条。令人惊叹的是现行民法通则中的基本内容几乎都能在《大清民律草案》中找到对应的内容，甚至2001年3月最高人民法院才通过司法解释明确的精神损害赔偿制度，《大清民律草案》也已作了明确而具体的规定。

《大清民律草案》虽未正式施行，但它打破了中国两千多年来诸法合体，民刑不分的旧体制，是中国历史上第一部由国家主持制定的民法典，也是中国历史上第一部按照资本主义民法原则起草的民法典。它确立了体例，为后来的《中华民国民律草案》和《中华民国民法典》所继承。

中国自然经济长期占主导地位，历史上一直重农抑商，商法几乎阙如。光绪二十七年（1901）二月，出使俄、奥、荷三国大臣杨儒就向清廷提议制定商法。他认为，自海禁大开，中外互市以来，中国在对外贸易中一直居于劣势，原因在于："彼有商学而我不讲，彼有商会而我不兴，彼且有公司以集资，国家为保护，故中国商货出口不敌进口，互市以来，彼愈富而我愈贫。"他提出的应对措施为订商务之律，设商务之局，遍询商家之疾苦而善谋补救，博访商家之盈虚利弊而为主持。不久，两江总督刘坤一和两湖总督张之洞又上奏要求制定商律。

光绪二十九年四月，清政府颁布上谕："通商惠工，为古今经国之要政。……前据政务处奏议复，载振奏请设立商部，业经降旨允准。兹著派载振、袁世凯、伍廷芳先订商律，作为则例。俟商律编成奏定后，即行特简大员，开办商部。"商部是中国第一个近代工商管理机构，其主要工作之一就是制定商律。

民商法体系，有民商分立和民商合一两个模式。沈家本主张民商分立。清末商事立法可以分为两个阶段：第一阶段，商部负责制定有关单行商法；第二阶段，配合清末预备立宪着重制定商法典。截至宣统三年（1911），清政府拟定了六十二项商事法律、法规、章程、则例和办法。主要包括（1）有关商品经济主体的法律，如《商人通则》《公司律》；（2）有关商品经济主体行为的法律，如《公司注册试办章程》《商标注册试办章程》《大清破产律》《保险规则草案》《运送章程》；（3）关于行业法规，如《大清银行则例》《大清矿务正章》；（4）关于工商业团体法律，《商会简明章程》《商船工会章程》《简明农会章程》《银行注册章程》；（5）关于奖励工商业的法规，如《奖励华商公司章程》《奖励商勋章程》；等等。

沈家本参与清末商事立法，主要体现在协助商部制定《大清破产律》和领导志田钾太郎制定《大清商律草案》。

商部成立后，致力于商律的制定工作。几个月后，编定《商人通例》九条，《公司律》一百三十一条，共一百四十条，定名为《钦定大清商律》，于光绪三十年（1904）颁布。这是中国历史上第一部商律。其后，商部会同修订法律馆共同制定《大清破产律》。光绪三十二年四月，沈家本与商部上《奏议订商律续拟破产律折》，呈上《大清破产律（草案）》。经清政府核定后于当月颁行《大清破产律》，分为呈报破产、选举董事、债主会议、清算账目、处分财产、有心倒骗、清偿展限、呈请销案和附则九节，共六十九条，是中国历史上第一部破产法。

当时，破产法有三种体例。一是以破产法为商法典的一部分，仅限适用于商人的破产，被称为商人破产主义，法国商法、日本旧商法就是这种情况。二是以破产法为单行法，且通行于商人、非商人的一般破产，德、英等国实施的破产法可以归于这一类。第三种也以破产法为单行法，但对商人的破产与非商人的破产进行区分，奥地利、匈牙利等国属于这种体系，后两种都是一般破产主义。《大清破产律》通行于商人、非商人的一般破产。同前第二种情况。但具体内容又取法日本破产法，有学者认为，清末破产律虽然取法西方，但又不拘泥于此，灵活运用，处置得当。

《大清破产律》实施后，第四十条规定引发了重大争议。该条为"帑项公款经手商家倒闭，除归偿成数，仍同各债主一律办理外，地方官应查明情节，如果事属有心，应照倒骗律严加治罪。"商部和钱商的观点针锋相对，光绪三十四年清廷下旨明令废止此律。

清末，共产生了三个商律草案。其一是载振和伍廷芳领衔的商部于光绪二十九年十二月拟定完成的《大清商律草案》，包括《商人通例》（九条）和《公司律》（一百三十一条）两部分，后由清廷以《钦定大清商律》之名颁行。其二是由农工商部宣统二年（1910）五月至十一月间，为弥补《钦定大清商律》之不足，应当时之需而拟定的《改订大清商律草案》。其三是沈家本领导志田钾太郎制定的《大清商律草案》。

光绪三十年（1904）一月《钦定大清商律》颁行后，在具体实施中，暴露出诸多弊端："通例之简略，商人定义之狭隘，公司分类之不明确，公司变更之无方法。"清政府决定重新修订商法。这一任务就落在了沈家本领衔的修订法律馆上。

光绪三十四年八月，修订法律馆聘请日本法学博士志田钾太郎、小河滋次郎、法学士松冈义正为顾问，协助编纂各项新法。自宣统元年（1909年）起，志田钾太郎负责起草的商律草案陆续脱稿。该草案共分五编：第一编总则，下分法例、商业、商业登记、商号、营业所、商业账簿、商业使用人、商业学徒、代办商九章，计一百零三条。第二编商行为，下分通则、买卖、行铺营业、承揽运送业、运送营业、损害保险营业、生命保险营业等八章，计二百三十六条。第三编公司律，分六编十六章。第一编总则，下设法例、通则二章；第二编合名公司，下设设立、内部之关系、外部之关系、股东之入股及退股、解散五章；第三编合资公司；第四编股份公司，下设设立、股份、股东总会、董事、监察员、会计、公司债、定章之变更、解散九章；第五编股份合资公司；第六编罚则；共三百一十二条。第四编票据法，分三编十五章。第一编总则，下设法例、通则二章；第二编汇票，下设汇票之发行及款式、票背签名、承诺、代人承诺、保证、满期日、付款、拒绝承诺及拒绝付款之场合执票人之请求偿还权、代人付款、副票及草票、汇票之伪造变造及遗失、时效十二章；第三编期票，下设期票一章；共九十四条。第五编海船律，分六编十一章。第一编总则，下设法例、通则二章；第二编海船关系人，下设所有者、海员二章；第三编海船契约，下设运送物品契约、运送旅客契约、保险契约三章；第四编海损，下设共同海损、海船之冲突二章；第五编海难之救助；第六编海船债权之担保，分法定债权、抵当权二章；共二百六十三条。

全律合计一千零八条，体制严谨，内容周详，但有不少脱离中国实际之处。由于该律是按照商法典的规模和要求来编纂的，因而起草过程较长，至辛亥革命爆发，尚未全部完稿。已完成者中有些也未经修订法律馆审核，因而均未颁行。

创设律师和陪审制度

在引进西方司法制度中，沈家本尤为看重律师制度和陪审员制度。"我法所未备，尤为挽回法权最要之端。"认为其是收回领事裁判权的关键。

鸦片战争后，清政府被迫在中国沿海、沿江等九个城市开辟通商口岸，并在通商口岸建立了租界。租界的存在与发展，严重损害了中国的国家主权，特别是领事裁判权的存在使中国的司法主权受到严重侵害。同时，领事裁判权的存在，使得西方各国实施的律师制度进入中国，从而在客观上，对于中国社会认识律师制度，并刺激对律师制度的需求，产生了一定的推动作用。

"苏报案"是促成律师制度引进的一个重要原因。"清廷与属民兴讼，为史上所无；而交由外人审判，更是司法丑闻。"1902 年 5 月，位于上海租界内的《苏报》馆主办的《苏报》上，连续发表了邹容的《〈革命军〉自序》、章太炎的《〈革命军〉序》和《驳康有为论革命书》等文章，其宗旨在于驱除满族、光复中华。清廷震怒，谕令两江总督魏光焘捉拿查办。魏光焘接旨后，即命令上海道执行。章太炎被逮捕，邹容出于义愤主动投案。但主管租界事务的上海工部局以保护政治犯为由，拒绝执行。魏光焘遂接受英国律师达鲁芒德（Drummond）的建议，履行法律程序，以清政府的名义向会审公廨起诉章太炎、邹容等人。达鲁芒德还提出应遵循西方各国习惯，聘请律师以帮助清政府打赢官司。他愿与另一英国律师库柏（White Cooper）出庭辩护。对于前者，清政府很快加以采纳。但对于聘请律师之事，清政府颇有顾虑。经反复斟酌后同意聘请这两位英国律师出庭帮助控告。作为原告的清政府，由律师库柏、达鲁芒德代理，被告章太炎、邹容等六人则由律师博易、琼斯出庭辩护。

由于"苏报案"融合了舆论媒体、律师辩护、言论自由、禁止刑讯等近代文明观念，传统审判方式难以担当重任。传统办案偏重直觉思维、整体思维，与近代法律技术之间构成了强烈的冲突：疏于逻辑分析的传统思维，不能适应近代司法的证据规则要求，也不利于近代法律术语的正确使用。而情理本位的办案风格又与西方近代的守法精神构成冲突。其中值得注意的是，被告的辩护律师们据法力争，风采极为出众，进一步扩大了租界律师业的社会影响力，树立了正面的律师形象。而替清政府出庭的律师在法庭辩论中的出色表现，包括对中西法律的熟悉、对诉讼程序的利用技巧、对委托事宜的尽心尽力，也使清廷对律师的实际作用有了更清楚的认识，加速了清廷引进律师制度的步伐。

光绪三十二年四月初二（1906 年 4 月 25 日）沈家本等奏呈诉讼法拟请先行试办折中，沈家本将引进西方律师制度和引进陪审员制度作为改革中国传统司法体制，移植西方司法制度和观念的两个最重要的任务。

同月，沈家本进呈的《大清刑事民事诉讼法草案》效仿英美司法理念及制度，初步构建了中国的律师制度。草案第四章"刑事民事通用规则"第一节的标题即为"律师"，该节共九条，分别规定了律师的资格、注册登记、律师职责、违纪处分、外国律师在通商口岸公堂办案等。除却该节外，草案还有多处提及律师。该草案共二百六十条，涉及律师制度者多达三十条。草案确立的律师制度大体如下：第一，律师辩论制度。草案第五十四条规定"承审官应准被告或所延律师得向原告当堂对诘"，"被告或所延律师均准向原告各证人对诘"（第五十八条），作为诉讼平等原则的体现"被告或所延律师对诘原告各证人后，原告或所延律师亦可覆问原告各证人"（第五十九条）。第二，律师执业资格制度。草案第二百条规定："凡律师欲为人辩案，须在法律学堂考取入格，给有堪为律师文凭。……且须有与该律师相识之殷实人二名，立誓具保该律师品行端正、人凭相符，方准该律师在高等公堂或各属公堂辩案。"这一规定首先看重的是法律学历，同时强调思想品德，并模仿西方的立誓制度，且设置经济担保以为防范。第三，律师在公堂应尽之责务。草案借鉴了英美的交叉询问制度，规定律师负有质问、对诘、覆问等责务。如草案第二百零四条规定："律师在公堂应尽之责务如下：……三、于审案时将原告所控之事代为上陈，然后当堂质问原告及其证人。如被告对诘该原告及其证人，则该律师随后亦可覆问。"第四，对律师违法的惩戒。根据草案第二百零六条："如律师有故意不敬或语言轻侮等情，公堂可将该律师罚以三月以下之期限，禁止上堂辩案。如有唆讼、诬告、欺骗或他项重大不职情事，该省高等公堂可立予黜革，并可按所犯科以应得之罪，并永远不准充当律师。"第五，有关外籍律师的规定。《草案》允许外国律师在中国执业，其业务范围仅限于与其本国国民有关的案件。《草案》规定："凡通商口岸公堂，中外交涉之案有外国陪审者，亦可准外国律师上堂为人辩案。"但在程序上外国律师需要其本国领事的核准。"该律师经本国驻该地方之领事官已准该律师在该领事公堂辩案者，方准上堂辩案。"

《草案》对律师的身份未明确规定，对律师的权利也只字未提，只强调律师的从业条件，应尽职责，应受的处分。这反映出人们当时对律师还是心存疑虑，持限制态度，尤其是律师从业的宣誓和担保的规定，更能反映出人们对律师的不信任感和谨慎的态度。尽管如此，《草案》毕竟引入了律师制度，确立了律师的合法地位，"凡律师，俱准在各公堂为人辩案"。使中国封建专横的司法向资本主义民主化的司法迈出了可贵的一步。这部《草案》虽然在保守派的阻挠下未能颁布实施，但作为先河，为民国律师制度的正式确立奠定了基础。

由于《大清刑事民事诉讼法草案》遭遇之殷鉴不久，故次年颁行的《各级审判厅试办章程》中自始至终未出现"律师"二字，但法案第三章第一节中的代理与代诉制度实际上就是律师制度的组成部分。代理制度，大体是延续传统。该法第五十三条规定："职官、妇女、老幼、废疾为原告时，得委托他人代诉，但审判时有必须本人到庭者，仍可传令到庭。"此条的委任代理制度是传统的官吏不躬坐狱讼、老幼病残可代理原则的延续，也体现了矜老恤幼的人道精神。法案关于代诉制度的规定相对完善。根据该法第五十三条规定，不得充当代诉人的人员包括"一、妇女；二、未成丁者；三、有心疾及疯癫者；四、积惯讼棍"。其中的"积惯讼棍"系沿自《大清律例》，这反映了对旧法一定程度的回归。第五十四条是一体现宗法家族伦理的规定："凡遣代诉，须附呈委任状，但祖孙、父子、夫妇及胞兄弟代诉者，不在此限。"按照该法第五十五条，代诉人在诉讼上的行为及供述，"均作为本人之代表"，但上诉、和解、抛弃诉讼物，以及承认被告之请求须经本人许可始得为之。该法关于诉讼委任的规定也相当完备。第五十六条规定委任状应当记明委任人与代诉人的基本情况及二者的关系、委任的原因、委任的权限以及代诉的时间等。整体来看，《各级审判厅试办章程》较为保守，但也正因如此，它没有遭受非议与反驳，得以顺利颁行。其代理和代诉制度的实施为今后律师制度的正式引入铺平了道路。

1910年颁行的《法院编制法》在体例和内容上参酌《日本裁判所构成法》。该法第七章"法庭之开闭及秩序"中有关于律师的规定。就律师的行为规范，该法作了一系列禁止性规定，如"律师在法庭代理诉讼或辩护案件，其言语举动如有不当，审判长得禁止其代理辩护"。

值得一提的是该法还规定了律师执业达到不同年限以上可作为担任候补推事、候补检察官、高等审判厅推事、高等检察官、大理院推事、总检察官的资格之一。这样的规定体现了立法者构建法律共同体的设想，即使在今天看来仍具先进性。

《大清民事诉讼律草案》和《大清刑事诉讼律草案》两部法律草案对律师制度的规定都相当详尽。《大清刑事诉讼律草案》将保护被告人的合法权益作为一项基本原则，体现出沈家本等人对西方人权保护制度的憧憬。在该草案的上奏文中，起草者将刑事被告人与公诉人的待遇平等作为草案的第四项基本原则，但由于被告人处于弱势，故应当为被告人设置辩护人或辅佐人。草案第五十五条规定："被告人于提起公诉后，得随时选任辩护人。被告人之法定代理人或其夫，得独立选任辩护人。"而"辩护人选任律师允之，但非律师而经审判衙门许可者，亦得选任为辩护人"（第五十六条）。草案起草者就为何将辩护人资格原则上限于律师作了如下解释："辩护制度虽不可少，然使不得其人，则有害无益。故本条原则上规定非律师不得为辩护人。盖律师，必经考试始准就职，且受必要之监督，不致有包揽词讼、咆哮公堂之弊。若律师以外之人为辩护人者，则以经审判衙门许可者为限，其未经许可者，不得从中干预也。"此外草案鉴于当时国外有些国家对辩护人人数不加限制导致有多达数十人者，而这与中国国情不合，故规定每一被告人所聘请的辩护人不得超过二人。该法规定了辩护人的权利和义务，包括查验证据及阅视或抄录该案文书；接见被监禁之被告人并互通书信，但不得逾管束在监人规则范围之外，不过，审判衙门得据情对辩护人的此项权利加以限制；于可以苞视时得实施被告所应为之诉讼行为，但除事实上及法律上辩论外，其所实施之诉讼行为不得与被告人或其法定代理人的意思相左，为被告人利益得声明上诉但被告人明示反对者除外。草案第六十二条规定："被告人之法定代理人或其夫在提起公诉后得随时为辅佐人，独立实施被告人所得为之诉讼行为。"该规定意在保护被告人但也不无轻视被告人独立性之嫌。另外《刑事诉讼律草案》的其他章节中亦有一些提及律师的条文。

在起草《民事诉讼律》时，沈家本等人既熟谙中外律法又历尽宦海沉浮，且体察世故人情，从而能够充分吸取《大清刑事民事诉讼法草案》因过于激进而遭各省督抚反对的教训，特意强调该法的制定要"参酌中外"。《大清民事诉讼律草案》总共四编八百条，明确提及律师的条文计有九条。该法第二编第三章和第四章分别规定了"诉讼代理"和"诉讼辅助"制度。

"诉讼代理"一章的立法理由中首先强调这是效仿近世各国通例，"近世之社会，法律关系，至为繁杂，非有法律知识及特别技能之人，不能达诉讼之目的。故各国咸认诉讼代理之制度，并认以诉讼代理为职业之律师制度。本案亦采用之"。接着分别介绍了律师职务的两种类型，即民诉中的代理人或辅佐人与刑诉中的辩护人，并指出律师非为国家官吏。该法关于诉讼代理的规定主要如下。

第一，两种诉讼代理人。"当事人、法律上代理人及其他依法律有审判上代理权之人，得自为诉讼行为或使代理人为诉讼行为。但非律师而为代理人者，应得审判衙门之许可。"在该条的立法理由中指出，虽然当今世界各国以律师代理为原则、本人诉讼为例外，但"本案则以本人诉讼为根据，盖以律师之学识、经验及道德等，不能皆臻于完美，故愿否委其事于律师，一任当事人之自择"。"但非为律师之人，若许其任意代理当事人而为诉讼行为，恐养成唆讼之风，而妨害司法。故非律师而为诉讼代理人，必应先受审判衙门之许可。"可见立法者充分考虑了国情，俾使律师制度的推行不至于遭遇太多阻隔。

第二，诉讼代理的要件。"诉讼代理人应有诉讼能力"，因为"非有诉讼能力之人不能善于其事也"。诉讼代理分委任代理和指定代理，后者是审判衙门或审判长根据法律之规定而命律师代理诉讼，主要适用于"诉讼上之救助"及"人事诉讼"系借鉴西方法律援助制度而设。由当事人委任而产生的诉讼代理的"诉讼代理权，应以书状证明之，附于诉讼笔录。……当事人至审判衙门，以言词为诉讼委任，经书记记明于辩论笔录者，毋庸提出前项书状"。至于指定代理权的产生应否以书状为要件，应视其代理与委任代理之性质、或与法律上代理之性质是否相同而为判断。

第三，代理权限及代理行为的法律效力。"诉讼代理人关于诉讼案件，有为一切行为之权。但和解、认诺、舍弃、控告、上告、撤回、请求再审，或关于强制执行之诉讼行为，或领收所争物者，非受特别委任不得行之。"代理行为的法律效力因有权代理和无权代理而不同，前者对于"相对人与本人之行为有同一之效力"。但在代理人因不知情或限于错误，导致所述事实与实际不符，"可由本人偕代理人一同到案及时撤销或更正"无权代理行为本人得追认之，否则不生效力。

第四，代理权的消灭。代理权因委任人或受任人解除而消灭。为防止诉讼淹滞并保护当事人利益，规定"诉讼代理权，虽本人亡故、破产或诉讼能力变更仍不消灭。法律上代理人有变更者亦同"。并且"解除诉讼委任之诉讼代理人，在通知解除后十四日间，应仍为防御本人权利所必要之诉讼行为"。

就诉讼辅佐人，草案规定："当事人得以律师或其他有诉讼能力者为辅佐人，偕同到场。但非律师而为辅佐人者，应受审判衙门之许可。"非律师须经法院准许才得充任辅佐人，其理由同于非律师应经法院许可始得充任代理人。由于当事人并未授予辅佐人诉讼代理权，而是仅委以诉讼辅助权故"辅佐人与本人之法律关系，依民律规定办理"。对辅佐人的权限，规定："本人在辩论日期所得为之诉讼行为，辅佐人皆得为之。辅佐人之陈述，视与当事人自行陈述者同，但经本人即时撤销或更正者，不在此限。"然在当事人退庭以后则不论何种诉讼行为辅佐人皆不得为之。此外，根据该法第一百一十三条关于诉讼代理人演述禁止的规定也适用于辅佐人。由上可见，两部诉讼律草案关于律师制度的规定不仅力求取法西方最新之法理与法规，而且时时留意本土传统，一定程度上达到了"中外通行"的修法宗旨。虽然两部草案均未核定颁行，但它们所创立的律师制度并未就此终结，而是在民国初期得以沿用，并且此后的一系列诉讼立法都是以此为基础修订增补而成。

陪审制度是由国家官员召集一定数量的法律外行人士协助法庭在听审到的证据的基础上裁决案件中有争议的事实问题的制度。古希腊是早期陪审制度的发源地，后逐渐发展为英美法系和多数大陆法系国家的司法制度。陪审制度主要有两种模式，一是以英美为代表的陪审团制度，一是以法德为典型的参审制度。二者之间的区别在于前者陪审员有权决定案件事实问题，法官有权决定法律问题；后者参审公民与职业法官在认定事实与适用法律上拥有同等权限。

中国长期以来的专制制度与陪审制度的理念格格不入，因此，对于国人而言，陪审制完全是陌生的东西。

沈家本认为，我国《周礼·秋官》中的"三刺之法"实与"孟子国人杀之之旨隐相吻合，实为陪审员之权舆"。他指出，陪审制具有两个方面的优点。其一，"司法者一人，知识有限，未易周知，宜赖众人为之听察，斯真伪易明"。其二，"若不肖刑官或有贿纵曲庇，任情判断及舞文诬陷等弊，尤宜纠察其是非"。因此，他认为陪审制"为各国通例而我国亟应取法者"，故而请旨"嗣后各省会并通商巨埠及会审公堂，应延访绅富商民人等，造具陪审员清册。遇有应行陪审案件，依本法临时分别试办。如地方僻小尚无合格之人，准其暂缓，俟教育普及，一体举行"。

《大清刑事民事诉讼法》在第四章"刑事民事通用规则"的第二节对陪审制作了专门规定。首先，在陪审制的适用范围上，沈家本认为并非所有的刑事案件都可以用陪审员制，"凡公堂之有权裁判关于监禁六月以上，或罚金五百圆以上，或徒流以上等罪之刑事案件……于未审以前经原告或被告呈请陪审者，应用陪审员陪审"。

其次，对于陪审员的任职资格，《大清刑事民事诉讼法》以肯定列举和否定列举的方式对其作了严格的规定。即只有男性且系"年在二十一岁以上六十五岁以下"，为"休退之文武大小官员、商人或公司行商之经理人士、教习、学堂卒业人、地主及房主"才有资格担任陪审员。而"任官吏、差使、受薪俸之人，公堂人员，在该公堂境内辩案之律师，在该公堂境内营业之医士或药商，聋瞽及有废疾者，曾因犯罪处监禁以上之刑或声名恶劣者"不得为陪审员。

再次，关于陪审员的组成和职责，该法规定刑事案件由十二名陪审员参加审理，其职责在于判定被告人是否有罪，量刑则由承审官决定。

最后，关于陪审员的表决制度，法律规定一般案件"从多数而定"，"但遇有重案关于死罪者，必须众议佥同方能决定"。

另外，为了防止陪审员受外界之不利影响而保持其中立地位，还规定了审判期间对陪审员的隔离措施，包括"不准他人与该陪审员语言或传通信息，或递交物件"，派员监视陪审员的行动，等。

沈家本等人创设的陪审制度与英国的陪审制度相当接近，有趣的是，朝野对陪审制度大为包容，没有太多反对的声音，后来的《大清民事诉讼律草案》和《大清刑事诉讼律草案》将之前的陪审制度全盘继承下来。

创设近代狱政制度

监狱制度与刑罚制度紧密相连，监狱制度的改革也与刑罚制度，与整个社会的刑事思想相关。沈家本主张改良监狱。他认为，监狱的好或劣是一个国家文明或野蛮、进步或落后的检验标准。西方立宪国家都将监狱与立法、司法三者并重，把改良监狱看成国际之间竞争发展的事业。一个国家即使有完备、科学的法律、公正无私的法官，而没有良好的监狱来执行刑罚，那么，感化犯人使其改恶向善就都无从谈起，特别是在实行"新政"过程中，改良监狱在内政外交中的地位举足轻重。清代监狱"狭隘污秽，凌虐多端"，以致"仁人不忍睹闻，等之于地狱；外人犹为痛诋，比之以番蛮"。这与清朝统治者一向所自许的"深恩厚泽"实不相称。在决心推行"新政""变法修律"后，改良监狱就作为新政的一大举措被提上了清政府的议事日程。

1906年8月，出使各国考察政治大臣戴鸿慈率先奏请将刑部改为法部。10月，清政府正式下令将刑部改为法部，专掌司法行政。大理寺改为大理院，专掌审判。1907年1月底，法部奏核议法部官制，规定法部下设八司。和原来刑部下设十七司，各省条块分割相比，明显有很大改进。其所设典狱司，掌管各省监狱、警察、习艺所、罪犯名册、衣粮费用、编纂牢狱之规则、统计书表事项。改革前的刑部提牢厅只掌刑部监狱，地方刑狱由行政官署管辖，司法行政纠缠不清。现在，监狱司统管全国狱政，一举结束了监狱附属于行政的历史，体现了司法独立。监狱内部建制也于此时初步定型，新监设典狱长统辖全监，设三课分掌戒护、作业、会计等事务，教务、医务所负责教诲治疗。同年5月，沈家本更从法理上明确阐明监狱地位之重要："泰西立宪诸国，监狱与立法司法鼎峙而三。纵有完备之法与明允之法官，无适当之监狱以执行刑罚，则迁善感化犹托空言，以故各国莫不从事于改良监狱……方今力行新政，而监狱尤为内政外交最要之举。"如此强调监狱问题，固然反映了特定的历史背景，但是，将监狱提到前所未有的重要地位，沈家本确是第一人。地方官制方面，1907年庆亲王奕劻奏请按察司改为提法司，各州厅县设典狱员，原有佐贰杂职一律裁撤酌量改用。同年公布的《提法司办事划一章程》规定提法司下设总务、刑民、典狱三科。州厅县下设典狱，各省电复多以"无才无费"为借口，筹办不力，编纂官制大臣载泽迫不得已，奏请保留吏目、典史。由此可见，地方各级政府在司法行政方面的官职改革大多有名无实。此外，该章程还明确规定司法警察由各级检察厅检察官统一调度指挥。

沈家本在主持修订法律馆期间非常重视资本主义各国监狱法、监狱法学的翻译；注重出国调查研究和实地考察；重视监狱立法，在他主持下创制了中国第一部监狱法典草案——《大清监狱律草案》。应当讲，沈家本重视监狱制度改良的重要目的就是要辅助新刑律实施。

沈家本在修订旧律的基础上，对监狱制度和监狱立法也进行了系统的研究和改造，先后译成了《日本监狱法》《监狱学》《狱事谭》等，在派人出国考察过程中编辑而成《裁判访问录》和《监狱访问录》两书。作为监狱改良的参考标本，1908年又聘请日本监狱学家、监狱局事务官小河滋次郎为狱务顾问，起草监狱法规，创制了中国第一部监狱法典草案——《大清监狱律草案》，而且写了《狱考》《丁年考》《与戴尚书论监狱书》《〈监狱访问录〉序》以及《奏进呈刑律草案折》《奏实行改良监狱宜注意四事折》等论著和奏议。

清末法制变革之前，中国从未制定过专门的监狱法典。清代，监狱事宜由刑部属下的提牢厅管辖，与此相关的监狱制度主要附于"诸法合体"的《大清律例》中。这种无法可依的状况也是造成中国古代监狱黑暗的原因之一。这在深深向往"一法立而天下共守之"的沈家本看来，是不能容忍、非改不可的。既然"纲纪一国必以法律组织，监狱亦然"，那么，作为与"立法司法鼎峙而三"的监狱，作为"尤为内政外交最要之举"的监狱，无论如何也要有专门立法。沈家本充分认识到，只有有了专门的监狱立法，才能"上而官吏有服从之职务，下而囚徒有遵守之事项"。主张"先由法部博采各国最新规则，编定监狱章程，颁行各省，令不得越其范围"，使得"大而惩罚荣誉，小而日用饮食"基本条理化。

清廷以日本监狱模式为改良蓝本，1908 年起草监狱法，1910 年，修订法律馆狱务顾问、日本监狱专家小河滋次郎制定的近代第一部监狱法典《大清监狱律草案》问世。该《草案》是沈家本在主持修律的过程中，在监狱改良和立法方面所取得的重大成果，也是辅助修订后的《大清律例》《大清现行刑律》和《大清新刑律》施行的独立的一部监狱法律。该法律并没有颁布施行。

《草案》的内容包括总则和分则两部分，共十四章、二百四十一条。第一章是总则（从第一条至第二十四条），第二章为分则，内容为收监、拘禁、戒护、作业、教诲及教育、给养、卫生及医疗、出生及死亡、接见和书信、赏罚、领置、特赦、减刑及暂释和释放的规定。总则所确定的几个问题和原则是：（1）确定监狱的宗旨是"待遇化导，执行刑罚"，监狱是惩戒人而"非残虐人、痛苦人"的地方。（2）监狱分为："一、徒刑监，拘禁处徒刑者；二、拘役场，拘禁处拘役者；三、留置所，拘禁刑事被告人。未满十八岁的徒刑犯只能拘禁在普通监狱的划区，不专设少年监，男女监分设。"（3）监狱管理权依中国历史习惯归法部，法部官吏和检察官有权巡阅、监督监狱履行职责，对刑事执行的管辖体制作了崭新的规定。（4）监狱在讲求建筑结构和饮食衣着时要求无害卫生、无害身体，在监人享有不受伤害、保证健康、狱内申诉的待遇，即规定"监狱内凡足以伤害人健康之处所，均不得拘禁在监人"，"在监人有不服监狱处分者，得申诉于监督官署或巡查官吏"，"有不服监狱官署或巡查官吏对于申诉之裁决者，许其抗告于司法部，但司法部之裁决则均有最终效力"。总则反映了该《草案》的基本精神，贯彻了教育刑论的基本理论和感化教育的行刑宗旨，以及适用刑罚个别化的原则。它显然区别于以报复主义、惩罚主义为目的的古代监狱规范。

分则规定了一是独居拘禁制度。《草案》第三十六条规定："在监者，一切概以独居拘禁为原则。"尤其对"刑事被告人""刑期不满三月者""三十岁以下之受刑者""初犯之受刑者"等，实行"独居拘禁，亦即分房监禁"。独居拘禁的时间不得超过三年。鉴于财政状况，第四十三条又规定了"杂居拘禁"作为补充，依据犯罪性质、犯人性格、犯罪次数、犯人年龄等情况分类管理。二是"作业"制度。根据在监人"将来生计"的实际需要，《草案》第八十六条规定"作业收入均归国库"，认为监狱作业不仅可教育罪犯，培养他们的劳动习惯，而且还可增加政府收入，解决监狱经费问题。作业场所限制在监内，监禁的囚犯和未满十八岁者可监外作业，作业时间每天八至十二小时，收入概入国库。三是教诲教育制度。《草案》第六章规定了教诲教育制度：除休息日外，在监人至少每十日接受一次教诲，内容为宗教礼仪和德育；在监者（年龄十八岁以上或刑期不满三个月的罪犯除外）一般要接受教育，每星期应保证二十四小时的教育时间，内容以学校知识为主。四是医疗卫生制度。西方监狱学家认为，"不卫生之监狱，为无形之断头台"。《草案》第八章规定，监狱要保持清洁，犯人应经常洗澡、剃发，衣物经常消毒等。监狱要有浴室、运动场、医务所、病监等设施。五是减少宗室犯人特权。光绪末年，沈家本等遵旨议定满汉统一刑罚，宗室犯人特权有所减少，如奉天模范监狱署成立后，"京师发出宗室人犯均交收管"。

古代狱吏地位低下，被称为"贱役"，上自皇帝，下至百姓，无不痛恨而鄙夷之，甚至被削籍逐出家门，禁入宗祠，因之难免有报复社会的心理。况且狱吏收入低微，不足以养家糊口，为生计而无所不用其极。因而，狱吏贪婪刻毒，需索无度，也就不足为奇了。这是封建狱政的一大弊端。针对此弊，沈家本提出的对策就是"养成监狱官吏"。在他看来，如果没有品格高尚的狱吏作后盾和保障，再好的监狱制度也只能是空中楼阁。他也曾向法部上奏，说治狱的关键在于管理人，中国古代的狱吏一贯缺乏专家，大都是滥竽充数之辈，以致监狱百弊丛生，所以要求实行储才之法，同时也建议各法政学堂设置监狱学科，新办监狱应附设监狱学堂，培训、选拔高级管理人才，法部认可并批准了他的上奏。

1907年，清廷正式责成学部发布通令：京师和各法政学堂增设监狱学科，编订监狱学专科课程，并规定京外法政学堂一律增设监狱学专科，选拔法政高等学生专门研究，一年半毕业，考给文凭。不过，学部认为，原有法政科大学和京师法政学堂已设有普察监狱学或监狱学课程，与法部奏议用意相同，应由该学堂将监狱学一科切实讲授。至于未设此科之各法政学堂，应遵照此次法部奏案一律增入。于是，以后无论是京师还是京师以外的学堂大都设立了监狱学或与之相关的学科。此外，又委派大臣出国考察监狱司法方面的先进制度，派遣留学生。

沈家本认为，"方今力行新政，而监狱尤为内政外交最要之举"，改建新式监狱的重要性不言而喻。首先，监狱是对罪犯实施教诲的场所，因而，"纵有完备之法典与明允之法官，无适当之监狱，以执行刑罚，则迁善感化，犹托空言"；其次，监狱的优劣是检验一个国家文明与野蛮、进步与落后的标尺，"觇其国监狱之实况，可测其国程度之文野"；第三，建设新式监狱也是大势所趋，"欧洲各国监狱为专门之学，设立万国协会，穷年研究，精益求精，方进未已"。在监狱的构造方法上，欧美各国"益形完备，有采分房制者，有采杂居制者，有采阶级制者，形式以扇面形、十字形为最宜，如法兰西之佛勒斯日监狱，比利时之珍极尔监狱，壮丽几埒宫阙"。相形之下，中国已经落后了。法部采纳山西巡抚赵尔巽的建议，饬令各省设立罪犯习艺所。最初是为了矫正遣、军、流、徒等刑罚在实施中的弊端而设，后来，财力窘困的清政府发现，造价低廉的习艺所，可以在模范监狱建造之前有效地替代其部分功能，因而，习艺所在全国大量出现。习艺所的设立为整个监狱功能的转型起到了过渡作用。习艺所的兴建初步革新了传统的监狱管理制度，迈出了监狱改革的第一步。但是，习艺所毕竟只是收容轻罪人犯习艺的场所，在设施的配备和管理上都有不尽完善之处，并不能代替新式监狱。

1907年5月，沈家本奏请实行改良监狱："现在内地各监狱，同时改建，力有未逮。宜于各省之省会及通商口岸先造模范监狱一所……试办数年，然后推暨于各州县。"此前，湖广总督张之洞已率先在湖北创办模范监狱，该监狱"一切体制仿照日本东京及巢鸭两处监狱规模，其管理之法兼采东西各国"。设有三人监、一人监、严禁监、独居暗室等各类监房一百一十二间，以及其他附属设施和建筑。管理方面，设典狱官、副狱官，品级分别同于通判、州判。案牍科、守卫科、工业科各设课长一员，以及书记生、教诲师、医官，皆辅助典狱官。同旧式监狱大为不同的是，该监狱还"革黜禁卒等名，而招考守卫军……现在所报各守卫军，有身列士林者，与从前之禁卒看役相去霄壤，教以监狱学及监狱各种规则，使其实习"。士人开始充当监狱守卫，正反映了时代的巨大变化。

1909年，法部奏请建设京师模范监狱，京师模范监狱构造图式由日本监狱学家小河滋次郎设计。根据图纸规划，监狱分前、中、后三区，前区包括大门、教诲室、病监、幼年监、运动场等等。中区包括中央事务所、典狱室、课员室、书籍室、囚犯接见室、仓库等等。后区是正式监房分布区，容犯人三百至五百。1907 年至 1911 年，在建模范监狱的有京师、奉天、湖北、云贵、山东、广东等地，广西、河南、闽浙、热河、安徽等省也在筹建。这是中国兴建近代新式监狱的开始，在中国监狱发展史上具有重要意义。

西方在监狱管理制度上，比较重视统计学的运用，这也是监狱管理科学化的一项重要内容。沈家本认为，"国力之盈虚消长，非恃统计不能明"。监狱统计与刑事的关系尤为密切，只不过刑事统计较为详细，监狱统计较为粗略。监狱统计分为人员统计和行政统计两种。人员统计内容为犯罪原因、国籍、住址、年龄、身高、职业、教育等等，以明确罪犯入狱前的经历。行政统计的主要内容为监狱的面积、监狱官吏的资格程度、囚犯的比较，以及惩罚、作业、会计、疾病等，以详细反映监狱的内部事务。沈家本认为监狱统计通行于西方各国，值得中国迅速仿行。"应由法部编定格式，颁发各省督抚，饬所属按式分年报告，仍由法部汇订成册，恭呈御览，以为汇年比较之准则。"这样，凡有关刑事及监狱的各项事宜，就可以按册考核了。

沈家本的监狱改良思想具有前瞻性，虽然，非常遗憾，最终，他的监狱改良思想没有实现，但他却为中国近代新型监狱制度绘制了理想蓝图，从而丰富了中国近代监狱学理论，不失为中国监狱史上的一笔宝贵的财富。

第 7 章

温和的坚定者：礼法之争

制定《大清新刑律》

清末礼法之争的法律载体是 1906 年奏进的《大清刑事民事诉讼法》和 1907 年奏进的《大清新刑律草案》。前者在以张之洞为代表的礼教派的猛烈攻击下，未送到法部修订便被全盘否定了。后者经过一系列的程序和争论最后于宣统二年（1910）十二月由皇帝上谕裁定后颁布。

礼法之争主要是围绕着《大清新刑律草案》进行的。光绪三十二年七月十三日（1906 年 9 月 1 日），清政府颁发"上谕"，宣布实行"预备立宪"。随后，中国历史上第一部宪法性文件——《钦定宪法大纲》颁布，官制改革拉开了序幕。由于"刑律与宪政关系尤切"，新刑律的制定提上日程，并迅速开展起来。沈家本是这样阐释新刑律与旧律之间区别的：一是更定刑名。中国刑名自隋唐定型后，一直为笞、杖、徒、流、死，变化不大。随着社会的发展，已经不能满足要求，和国外相比，也较落后。二是酌减死刑。从世界范围看，不少国家已经废除死刑，还有不少国家将死刑限制在一定的范围之内，死刑的数目较少。而中国死刑条目较繁，认定复杂，应酌减死罪，顺乎时代潮流。三是死刑唯一。清律的死刑分为绞刑与斩刑，而绝大多数国家都仅有一种，沈家本建议死刑仅用绞刑一种，只有对于谋反大逆及谋杀祖父母、父母等罪大恶极的罪犯，才使用斩刑。四是删除比附。比附始于汉律，至隋朝成为定例，类似于刑法规定的类推制度。该制度过于弹性，凭审判官临时审定，人情的成分很大，应予废除。五是惩治教育。相当于西方的感化教育。沈家本认为，教化优先，刑罚是最后的惩治。应仿照各国的惩治教育，明刑弼教，以期防患于未然。

因为礼教派的坚决反对，该草案历经了六次裁定方才定稿颁布，稿本共计七案。首先，光绪三十二年春脱稿，由修订法律馆起草，定名为《大清新刑律草案》，同年秋，加派冈田朝太郎等外国委员，遂全废弃之。虽废，但为预备案，第一案、第二案皆参照此案。第一案于光绪三十三年八月（1907年8月）脱稿，由修订法律馆上奏，律本转手于法部。第二案于宣统元年十二月（1909年12月）由法部会同修订法律馆奏进。此案系经部院督抚大臣对第一案进行签注后，由修订法律馆和法部根据签注修订而成，上奏时定名《修正刑律草案》。此案转手宪政编查馆法典股。第三案是宣统二年宪政编查馆核订第二案、参酌第一案加以修正而成。第四案是宣统二年冬，宪政编查馆将第三案提交资政院，资政院法典股对第三案修正而成，此时名为《大清新刑律》，附则改为《暂行章程》。经过资政院三读会议通过第四案总则、分则，未及议毕而资政院闭会，故分则暂从第四案之分则而成，定稿为第五案。此案奏进皇帝，宣统二年（1910）十二月由上谕裁定第五案之后颁布，此案为第六案，即《大清新刑律》钦定本。从起草到颁布前后达六年之久。

《大清新刑律》由总则和分则两编组成，共计五十三章，四百一十一条。并附《暂行章程》五条。《大清新刑律》采用西方近代的刑法体例。第一编为总则，十七章，分则三十六章，规定了三十六种犯罪。《大清新刑律》的先进性还表现在它确定了近代刑法的三大基本原则：罪刑法定原则、罪刑相适应原则和刑罚人道主义原则。

罪刑法定原则包含法无明文规定不为罪和法无明文规定不处罚。有四点含义：一是禁止适用类推，但是不禁止扩大解释，把刑法的明文规定作为定罪的唯一根据。对于法律没有明文规定的行为，不能通过类推或者类推解释以犯罪论处。二是禁止适用习惯法，把成文法作为刑法的唯一渊源。对于刑法上没有明文规定的行为，不允许通过适用习惯法定罪。三是禁止刑法溯及既往，把从旧原则作为解决刑法溯及力问题的唯一原则。对于行为的定罪量刑，只能以行为当时有效的法律为依据，行为后颁行的新法没有溯及既往的效力。四是禁止法外刑和不定期刑。刑罚的名称、种类和幅度，都必须由法律加以确定，并且刑期必须是绝对确定的，既不允许存在绝对的不定期刑，也不允许规定相对的不定期刑。《大清新刑律》充分体现了罪刑法定原则。首先，明确宣告罪刑法定原则，否定比附类推。第十条规定："法律无正条者，不问何种行为，不为罪。"这是我国刑法史上第一次明确规定罪刑法定。其次，确定了法不得溯及既往原则。《大清新刑律》第一条规定："本律于凡犯罪在本律颁行以后者适用之；其颁行以前未经确定审判者亦同，但颁行以前之律不以为罪者不在此限。"最后，规定具体犯罪及其法定刑，采用"相对确定刑"的立法体例，规定了具体犯罪的法定刑。

罪刑相适应原则。有的称之为罪刑均衡、罪行相应（相称）。重罪重判，轻罪轻判，罚当其罪，罪刑相称。这一原则是指在立法与司法实践中，行为人所犯的罪与应当承担的刑事责任和接受的刑事处罚应当统一的原则，是立法司法现代化、文明化的体现。该原则在《大清新刑律》中得到了体现。其一，《大清新刑律》确立了法律适用上的主体平等制度。第二条规定："本律于凡在帝国内犯罪者，不问何人适用之。其在帝国外之帝国船舰内犯罪者，亦同。"规定只要实施了刑法典规定的犯罪行为，无论是在我国领域内还是领域外，也不论是中国人还是外国人，更不论其在中国的身份地位如何，犯了相同的罪，除具有法定的从重、从轻或者减轻的情节外，应当处以相同之刑，而不存在因身份、地位而导致的同罪异罚，当然也就否定了任何超越法律的特权。其二，《大清新刑律》确立了较为科学的近代刑罚体系。刑罚体系是指刑法所规定的并按照一定次序排列的各种刑罚方法的总和。刑罚体系是由多种而不是一种刑罚构成的，《大清新刑律》的第三十七条规定，刑分为主刑和从刑。主刑的种类有死刑、无期徒刑、有期徒刑、拘役和罚金。有期徒刑按照轻重分为五等。从刑的种类有褫夺公权和没收。《大清新刑律》规定的刑罚方法按一定原则顺序排列，轻重有序主次分明，具有严谨的内部结构，从而形成一个有机的整体，有效地发挥刑罚的功能，最终实现刑罚的目的。其三，《大清新刑律》规定了轻重有别的处罚原则。如未遂犯、中止犯减免处罚；在共同犯罪中，从犯减轻处罚；防卫过当、紧急避险减轻处罚；等。其四，《大清新刑律》规定了近代刑罚制度，如累犯制度、自首制度、酌减制度、缓刑制度以及追诉时效制度。

刑罚人道主义原则。第一，体现为刑种的设置。刑罚是由各种刑罚方法体现出来的，这种刑罚方法就是刑种。刑种设置是一个国家对于刑法量的总体安排的重要内容，它反映出这个国家刑罚的轻重程度，因而是其刑罚人道主义的主要标志之一。古代社会的刑罚体系以死刑和肉刑为中心，从《大清新刑律》刑罚体系已经开始由死刑与肉刑为中心转变为以自由刑为中心。第二，确立了死刑唯一的制度。《大清新刑律》第三十八条规定："死刑用绞，于狱内执行之。"旧律死刑以斩、绞分轻重，斩有断头之惨，身首异处，所以较之绞为重，而绞刑则能保存全尸，《大清新刑律》仿效近代欧美各国死刑之例，摒弃各种残酷的行刑手段，死刑采用绞刑一种，并于监狱内秘密执行。第三，对于未成年人犯罪的惩治教育。《大清新刑律》第十一条规定："凡未满十二岁人之行为，不为罪；但因其情节，得施以感化教育。"沈家本认为，刑罚是出于不得已而为之的最后制裁手段，未达责任年龄的人，因其生理和心理的发育不全面，而是非或有未当，是可教而不可罚，是教育的主体，而非刑罚的主体，如因非行而将其拘置于监狱内，反而容易熏染狱中的恶习，而难以矫正。如责付家族保护管束，恐生性桀骜不驯，有非父兄所能管教者，或有限于家本贫寒，而无力教育者。因此，《大清新刑律》作此条规定，并拟在各省设置惩治教育的场所，对于少年犯罪，图"以教育涵养其德性而化其恶习，使为善良之民"。第四，对女性罪犯的处理规定。《大清新刑律草案》第四十条规定："凡孕妇受死刑之宣告者，产后经一百日，非更受法部之命令不得执行。"一个社会对待妇女的态度，也可看作一个社会文明的标志。显然，这里包含了对待女性犯罪人的态度。第五，对精神病犯罪的处理规定。《大清新刑律》第十二条规定："精神病人之行为，不为罪；但因其情节得施以监禁处分。"

由于在中国传统的法律文化中，社会本位的价值观占据着不可动摇的地位，并且有与之相适应的社会经济结构有力的维系，因此，《大清新刑律》在制定的过程中遭到了强有力的阻力，从而不得不作出妥协与让步。《大清新刑律》的妥协性表现在新刑律"正文"之后，附加了《暂行章程》五条，意在加强对清廷统治者的保护，凡涉及危害皇室或皇权的行为，都规定加重刑罚。同时，也加强对纲常名教的维护，凡涉及违反伦常的行为，新刑律已有的规定，则加以修正或加重；未规定的，则加以补充。从其结果而言，这种沟通新旧，调和矛盾的情况，在一定程度上反映出围绕修律问题的各种实力的抗争，也显现出各种社会力量的强弱关系。礼教派虽迫于形势，不能阻止新刑律的修订，但总是力图在新刑律中保留更多的旧内容。而变法派虽得到新刑律的修订机会，但迫于现实，在许多方面又不得不向保守势力让步，甚至当礼教派以《暂行章程》来否定新刑律时，他们也束手无策。所以，这部新刑律的正文与附录存在着对立，前者在形式上与内容上均表现出受西方近代刑事立法思想的影响，而后者则反映了浓厚的封建传统礼教伦理色彩。

礼法之争

沈家本将"折衷各国大同之良规，兼采近世最新之学说，并且不违背我国历世相沿的礼教民情"作为修律的宗旨，在提交《大清新刑律草案》时，他也写了奏折，估计是已经预料到即将到来的反对，他试图说服反对者们：可能会有人认为这部法律超前，国民与审判官的程度都没有达到。但教育的大权把握在朝廷的手中，如果朝廷强力推行新法，民众就会遵行。而且随着各省政法学堂的推广，人才已有储备，新法试行又是培养人才的好机会，总之，新法的实行并非像有人忧虑的那样，难以实行。

清末修律涉及中国古代传统法律制度的重大改革问题，许多改革触及中国旧制度、旧观念的一些要害之处，所以在这次大规模的修律过程中，围绕着《大清刑事民事诉讼法》和《大清新刑律》的修订，出现了以张之洞、劳乃宣为代表的礼教派与以沈家本为代表的法理派之间的争论，爆发了一场历史上有名的"礼法之争"。

"礼"指封建礼教，"法"指法理，即"法律之原理"，礼教和法理是两种不同的法律思想，前者以维护宗法家族制度，进而达到维护整个封建制度为目的。后者以维护"人权"，进而达到维护资产阶级所有权、维护资本主义制度为目的。礼法之争共分四个阶段，第一阶段围绕着《大清刑事民事诉讼法》（1906）展开。法典所采用的西方律师制度和陪审制度以及父子异财、兄弟析产、夫妇分资遭到礼教派的强烈反对。由于张之洞等人将该法典全盘否定，该法典未及公布就作废。第二阶段围绕着《大清新刑律草案》（1907）展开争论。草案采用了西方刑法的罪刑法定、罪刑相适应和人道主义等原则，遭到礼教派的强烈反对。第三阶段是关于《修正刑律草案》的争论。礼教派认为，刑法之源，本乎礼教。中外各国礼教不同，故刑法亦因之而异。"中国素重纲常，故于干名犯义之条，立法特为严重。良以三纲五常，阐自唐虞，圣帝明王，兢兢保守，实为数千年相传之国粹，立国之大本。""凡我旧律义关伦常诸条，不可率行变革。"针对礼教派的攻击，沈家本在《书劳提学新刑律草案说帖后》一文中，一一予以反驳。如十恶、亲属相为容隐、干名犯义、犯罪存留养亲、亲属相奸、亲属相盗、亲属相殴等，特别是对于"无夫奸"和"子孙违犯教令"两条，沈家本认为"此事有关风化，当于教育上别筹办法，不必编入刑律之中"。即法律规范与道德规范应相区别，不能将伦理道德规范一并赋予国家强制力，上升为法律。第四阶段是关于新刑律的立法宗旨，即中国立法应以家族主义还是国家主义为宗旨。

就礼教派和法理派两大阵营的粗略分布来看，礼教派占有明显优势。其人员上至皇帝、太后，中有军机大臣、法部及礼部尚书、学部大臣、宪政编查馆大臣、资政院总裁、内阁学士、大学堂总监督、总督巡抚、将军都统、亲王、郡王、公爵、侯爵和贝勒等，下有地方举人、秀才及绅士等，可谓阵容庞大、一呼百应。而法理派则主要局限于修订法律馆和宪政编查馆的极少数人如杨度等，以及资政院中的民选议员。真正起作用的还只是修订法律馆和宪政编查馆。资政院民选议员只是在表决时产生一定的作用。礼教派以张之洞、劳乃宣、刘廷琛和陈宝琛为代表，法理派以沈家本、杨度为代表。礼法之争延续五年之久，争论问题广泛复杂，一般将起点定为张之洞向《大清刑事民事诉讼法草案》发难，直至新刑律颁布，礼法之争才告一段落。

第一阶段的代表人物为张之洞。张之洞自幼接受严格的儒家教育，对儒学深信不疑，对清廷衷心不贰。他所处的时代正是清廷处于风雨飘摇之中，在复杂的社会环境中，他的思想也呈现出新旧杂糅的多元性。时任学部大臣的张之洞曾经积极主张整顿中法，学习西法。沈家本成为修律大臣，也是张之洞积极举荐的。但沈家本的改革远远超出张之洞的预期，令他恼羞成怒。《大清刑事民事诉讼法草案》一完成，他就上奏朝廷，与沈家本针锋相对。

张之洞认为，中国制定刑法应以君臣之伦理道德、父子之人伦、夫妇之人伦、男女之别为基础，以尊卑长幼为序。总而言之，就是不能离开封建纲常。他最不能容忍的就是启男女平等之风，他引经据典，坚决反对男女平等。他认为整个草案非特大碍民情风俗，且于法律原理枘凿不合。张之洞要求仍求合于国家政教大纲。《大清刑事民事诉讼法草案》就是在张之洞等人的反对之下胎死腹中的。

第二阶段围绕《大清新刑律草案》和该草案的按语。张之洞先"以刑法内乱罪不处唯一死刑"指责法理派"勾结革命""欲兴大狱"。被人阻止后,"复以奸非罪章,无和奸无夫妇女治罪明文,指为败坏礼教。于是希风旨者从而附和,几于一唱百和"。正如参加起草工作的江庸(大理院即用正六品推事、修订法律馆协议官)所言:"维时张之洞,以军机大臣兼长学部,因《刑律草案》无奸通无夫妇女治罪条文,以为蔑弃礼教。各省疆吏亦希旨排击,奏交法部会同修订法律大臣修改。"

清廷根据学部及各督抚各大臣的意见,责令修改。最后,正文后面加上《附则》五条,并明确规定,"大清律中十恶、亲属容隐、干名犯义、存留养亲以及亲属相奸相盗相殴并发冢犯奸各条,均有关于伦纪礼教。未便蔑弃"。若国人触犯以上各罪,仍照旧律惩处。"危害乘舆、内乱、外患及对于尊亲属有犯"应处死刑者,仍用斩刑(第三条)。卑幼对尊亲属不得适用正当防卫之法(第五条)。这个修正案定名《修正刑律草案》,于宣统元年(1909)由廷杰和沈家本联名上奏。《大清新刑律草案》以妥协而告终。礼教派首领张之洞于当年辞世。光绪三十四年(1908)劳乃宣奉召进京,充宪政编查馆参议、政务处提调、钦选资政院硕学通儒议员。从此代替张之洞成为礼教派的主将。

第三阶段是关于《修正刑律草案》的争论。宣统二年(1910),修正刑律草案交宪政编查馆核订。劳乃宣提出草案正文"有数条于父子之伦、长幼之序、男女之别有所妨"违背了礼教精神,同时《附则》将旧律礼教条文另辑单行法规是"本末倒置"。向宪政编查馆上《修正刑律草案说帖》。要求将旧律有关伦纪礼教诸条,"修入新刑律正文"。礼教派对新刑律群起而攻之,使"新律几有根本推翻之势"。沈家本回应《书劳提学新刑律草案说贴后》予以反驳。参与修律的日本法学家冈田朝太郎、松冈义正以及宪政编查馆和修订法律馆的部分人士也加入争论阵营。劳乃宣又作《管见声明说帖》双方展开激烈的争论。争论的问题集中于干名犯义、犯罪存留养亲、亲属相奸、亲属相盗、亲属相殴、故杀子孙、杀有服卑幼、妻殴夫、夫殴妻及发冢等。以劳乃宣为代表的礼教派主张应将这些条文归入正文。

以前张之洞发难问罪时，沈家本是沉默的。虽然，沈家本毫不认同张之洞的保守与顽固。究其原因，毕竟是张之洞举荐其为修律大臣，沈家本很看重这一点。但劳乃宣出场之后，沈家本一改之前的沉默状态，开始反击。沈家本是温和的，内敛的，他的反驳看不出好恶，也没有不满和不屑，不是叙述宏大理论，而是从具体法律条例上，或者逐一批判，或者委婉解说。结论是：劳乃宣的观点既不合旧义，也悖新理。有的条文在新律正文中已有相应规定，有的根据法理不能列入正文，只能附于判决录中。最终，沈家本占了上风，意见被采纳。

但双方在"犯奸"和"子孙违犯教令"两个问题上针锋相对，毫不退让。劳乃宣指责法理派在正文中只将"有夫和奸"列入罪条。而排除了"无夫和奸罪"。他认为这是与礼教风俗背道而驰的。如果不将此两条列入，势必会影响社会安定甚至国家治理。

劳乃宣提出要将这些干名犯义的条款列入正文的第一个理由就是要尊重本土的风俗。劳乃宣认为法律生于政体，政体生于礼教，礼教生于风俗，风俗生于生计。他认为当时的世界，存在农桑、猎牧、工商三种生计，与之相适应的有家法、军法、商法三种法律。每一种生计对应一种法律，我国是农桑之国，所以应当以家法治国。"一切法律皆以维持家法为重，家家之家治而一国之国治矣，所谓人人亲其亲，长其长，而天下平。"劳乃宣认为"风俗者法律之母也"。所以欧美工商之国的法律是不能适用于中国的。

劳乃宣的第二个理由是从驳"收回领事裁判权说"的角度，支持礼教入律。劳乃宣首先阐述了赞成将无夫奸立法的理由。他从收回领事裁判权角度入手，指出与外国法律不同是外国不愿意遵守中国法律的原因。劳乃宣似乎指出了国际法的冲突所在。他首先从国际法的角度指出了不同国家法律中所存在的本质性的冲突问题是必然存在的，不能因为要让外国人遵守本国的法律而制定与外国一样的法律，这样无异于削足适履。"各国之律本自各不同，而谓一国之律可偏与各国条款一一相同，为理所必无之事，是改同一律一语，不作此解明矣。……今日修订刑律欲为收回领事裁判权地步，但当力求妥善不必悉求相同……今修订刑律必尽舍其固有之礼教风俗而一一模仿外国者，其所持之说以收回领事裁判权一语，为唯一无二之主张，故果于冒天下之不韪而毅然为之，以前说证之，其说不攻自破矣。"

欲通过修改刑法夺回领事裁判权的观点认为：如果将无夫奸等罪入刑，会容易为外人着眼，受人指摘。对此，劳乃宣指出："外国礼教不以为非，故不必治罪，而在中国礼教则为大犯不韪之事，故不能不治罪，……因避外人指摘致损本国治安，窃恐得不偿失也。且中国自定法律，何以畏外国人指摘乎？所以畏其指摘者，恐不能收回裁判权耳。"并且裁判权的收回与否尚有种种方面，不仅仅刑律一端更不是仅仅只有刑律中无夫奸罪一端。

第三个理由是道德和法律的关系。劳乃宣认为法律和道德密切联系。"且夫国之有刑所以弼教，一国之民有不遵礼教者，以刑齐之。所谓礼防未然，刑禁已然，相辅而行，不可缺一者也。……国之立法期于令行禁止，有法而不能行，转使民玩法而肆无忌惮。"道德与法律二者相辅相成，并非截然对立。

沈家本在《书劳提学刑律草案说帖后》专门表达了自己的

观点。"无夫之妇女犯奸，欧洲法律并无治罪之文……近日学说家多主张不编入律内，此最为外人著眼之处，如必欲增入此层，恐此律必多指摘也。此事有关风化，当于教育上别筹办法，不必编入刑律之中。孔子曰：'齐之以刑'，又曰：'齐之以礼'，自是两事。齐礼中有许多设施，非空颁文告遂能收效也。后世教育之不讲，而惟刑是务。岂圣人之意哉！"这一主张，得到宪政编查馆及修订法律馆许多成员的支持，聘任的日本法学家冈田朝太郎、松冈义正也赞成沈家本的主张。在当时，沈家本敢为人之先的胆识和求真务实的态度是值得肯定的，也体现出沈家本对人的私权是尊重的。

关于子孙违犯教令，沈家本认为这是家庭内部教育之事。关乎道德，不涉刑律，不必列入正文。是可以设立感化院之类来帮助长辈教育卑幼。而劳乃宣为"父为子纲"计，认为这"实为大拂民情之事""万不可删"。

沈家本在和劳乃宣的论辩过程中，也谈到了自己的一些观点：在山河飘摇的时代，为图强自新故，必须变法。他的主张就是以法律来整治破碎的山河。他认可的救国方式就是体制内的救国——改良。他认为所谓的新学和旧学，各有其是，不应有门户之见，更不应彼此轻视，互相倾轧。他是温和的，又是坚定的：变法是大势所趋，但必须渐进，才能不乱。沈家本的观点得到了宪政编查馆编制局的同人们积极的响应。他们条分缕析，针对礼教派的观点，进行了有力的批驳。

争论的结果是法理派的大部分观点被采纳，结果定名为《大清新刑律》，《附则》五条也改为《暂行章程》，于十月初三（1910）奏资政院议决。

第四阶段是关于新刑律的立法宗旨的争论，即中国立法应以家族主义还是国家主义为宗旨。争论集中于两个焦点。一是家族主义与国家主义。家族主义和国家主义是礼教派和法理派立法的基本论据。本着家族主义，新刑律草案起初并没有将正当防卫中卑犯尊的情况排除在外，因为法律是规定国家内公民的法律，而不是规定家族内家庭成员的法律。而礼教派则认为，中国自古以家为基本单位，齐家治国平天下，家这个基本的单位如果都产生了秩序的混乱，是不能将整个国家的秩序稳定好的。所以这二者之间观点的交锋，就集中在了家族主义与国家主义之上。

宣统二年十月，宪政编查馆将《大清新刑律》及《暂行章程》上交资政院三读议决。资政院是清政府在预备立宪中所设置的中央咨议机关，具有资产阶级议会特征，议决时用三读法。杨度以宪政编查馆特派员身份亲临会场说明新刑律的国家主义立法宗旨，严厉地批评了礼教派的家族主义的立法宗旨，从而引发了一场关于立法指导思想的大辩论。宪政编查馆提调杨度主张，所谓的国家主义是以个人本位为基础的国家主义，在国家主义法律体制中，个人与国家直接发生联系，互定权利义务关系，个人有独立的人格，有独立的权利义务。在杨度看来，尽管家族主义是国家主义的必经阶段，但家族主义已不适应新的社会形势了，必须淘汰。杨度主张用立法的方式将这种旧的制度铲除，然后可求民富国强。他说："中国如欲破此家族制度也，亦非可以骤进。惟宜于国家制定法律时，采个人为单位，以为权利义务之主体"，"使无能力之家人，皆变而等于有能力之家长。人人有一家之责任，即人人有一国之责任，则家族制度自然破矣"。

劳乃宣则指出家庭是社会经济和国家的基础和基本单位，而且，"今西人诚人人知爱国矣，而其爱国之所由来则由于深明家国一体之理，知非保国无以保家，其爱国也，正其所以爱家也。乃推广爱家之心以爱国，非破除爱家之心以爱国也。而其所以人人深明家国一体之理，则由于立宪政体人人得预闻国事，是以人人与国家休戚相关而爱国之心自有不能已者"。他还引用了法国社会学家卢布列的观点："欲成坚实社会必自家制始，社会者，非独立存在之个人是腐败的原因，为己不为家。"他还指出法律精神在社会发展中的重要作用，在新的国家主义确立之前，破坏原有的家族主义，老弱无人照顾，国家又无法负担这样的责任，又面临着国外的各种列强，国家处于救亡图存的重要时刻，唯一的结果就是让整个社会茫然不知所措，找不到自己的位置，唯一的选择就是采取过渡政策。"此新旧迟嬗之间正国家存亡所系，必使过渡时代于制度之兴废有互相维系之道，而后可以收完全之效。"他得出结论："今日中国之族制不足障碍国家主义，而我国民所以乏国家思想，其故在政治，而不在族制专制，政治之下其人民必无公共心，无国家观念，此其理。稍治政治学者类能言之。论者乃以之归咎于族制，不顾我国之经济能力、政教现象而欲灭弃数千年之社会基础，其果遂足以救亡乎？此诚非下愚所能知也。"劳乃宣提出的解决方法是将家族主义扩而充之，用广义的家族主义代替只有孝悌的狭义家族主义，而把忠孝的含义加进去，这样爱家也就等于爱国。

劳乃宣心目中的广义家族主义愿景是："历史观之，则伦理之发达速，而政治之发达迟，政治不足以为伦理之制裁，则伦理适足以为不才之护符，而为贤者之重累……则方寸易乱，而国事受其影响。今正欲企望于新刑法、民法、商法之出现，以释我伦理上之累，而招我全国人民幸福之魂，而于一方又当保存伦理上狭义之家族主义，以弥政治所生之缺憾，提倡广义之家族主义以为国家主义之先驱，如是而后吾国完全发达可期也。"

争论的第二个焦点是君主立宪与共和制。劳乃宣的君主立宪主张认为，"首重优待皇室。其为临时总统之时，于革党犹不免迁就之辞，于大清犹未尽尊崇之礼。迨正式总统就职之后，凡命令中涉及大清帝后备极尊严，且将优待条件列入约法之内，其不忘故君，实为众所共见，特限于约法，不能昌言复辟。……吾有转圜之良法，今不将开会议定宪法乎？请定宪法之名曰中华国共和宪法，而以共和立名，使无异于今日之称谓，而以共和之正义解之，实君主立宪之宪法也"。

劳乃宣的君主立宪制实质上是"忠君爱国"的君主立宪："夫立君所以保民也，民心所向则当存，民心所去则当亡，即孟子所谓民为贵，君为轻，得乎邱民而为天子，书所谓抚我则后，虐我则仇之义也。"他甚至还提到了等到宣统皇帝成年之后将权力由袁世凯转还给皇帝，可见其顽固之极。

劳乃宣不仅亲自撰文批驳国家主义，而且邀集亲贵议员一百零五人，向资政院（1910 年 9 月成立）提交《新刑律修正案》，对《大清新刑律》大肆删改、增添有关礼教条款十三条又二项，主要是增补和加重卑幼对尊长、妻对夫杀害伤害的刑罚，减轻尊长对卑幼、夫对妻杀害伤害的刑罚，更全面地维护亲亲、尊尊的纲常名教。但此修正案在资政院法典股审查时即被否定。劳乃宣等人仍不死心。把目标移到议场。在讨论新刑律时，礼、法双方就"无夫奸是否有罪"和"子孙对尊长的伤害能否运用正当防卫"两个问题展开大争论。双方各执己见，互不相让，据当时被政府遣派出席资政院会议的宪政编查馆的科员董康说："新旧之事，关于此点较前尤剧。所谓甚嚣尘上也。反对之领袖为劳乃宣，被选为资政院议员。康因兼职宪政编查馆科员，政府遣派出席，备咨询……时邀至法律股辩论，几于舌敝唇焦。"争论还蔓延到会下。双方纷纷写文章，批驳对方，阐明自己的观点。三个月的会期已过，新刑律全文仍未议完，最后只好以表决的方式终裁。结果是，对尊亲属有犯能否适用正当防卫条例没能通过，而无夫奸条则被通过。但仍有以沈家本、吴廷燮为首的四十二人反对。无夫奸罪作为附则第四条列于《暂行章程》。

但礼法双方的斗争，并未因此而结束。由于礼教派人多势重，结果将沈家本弹劾下台。沈家本被迫于宣统三年（1911）辞去修订法律大臣和资政院副总裁等职。从此"键户静养，不复与政界周旋"。

宣统二年十二月，由清廷以上谕裁定颁布《大清新刑律》及其《暂行章程》的钦定本。从法律的形式体例来看，《大清新刑律》和《暂行章程》显然是一部不彻底的法典，留下了法理派妥协的痕迹。同时从更深的角度看，反映了清廷最高决策层既想变法以应对时弊和搪塞民怨，又想保留三纲五常的祖宗成训的真实态度。从法的内容来看，《暂行章程》的内容正是清廷意志的体现。例如第一条是凡侵犯皇室罪、内乱罪、外患罪、杀或伤尊亲属罪处死刑的，由原来的绞刑改为斩刑；第二条是凡犯发冢和损坏遗弃盗取尸体、遗骨、遗发及殓物罪，包括对尊亲属在内的犯罪，本处二等以上有期徒刑或无期徒刑的，改处死刑；第三条，强盗罪应处一等有期徒刑以及强盗行为应处无期徒刑或二等以上有期徒刑的，改处死刑。第四条，无夫妇女犯奸由无罪改为有罪。而且上告论罪与否，完全由此妇女的尊亲属决定；第五条，对尊亲属有犯，不得适用正当防卫的条例。修律的这种结果，一方面表现了以法理派为代表的资产阶级上层人物的妥协性，另一方面体现了以礼教派为代表的清廷封建官僚的矛盾性。

礼法之争，本质上是中西法律文化冲突，也是传统与现代矛盾交织的体现。20世纪初，随着西方资本主义法律思潮不断涌入中国，以"礼法合一"为基础的中华法系受到极大冲击。清廷为解决时弊，下令修律，但如何处理中西法律的关系，并无应对之法。中国拥有自己的完整的独特的传统，这种传统经过二千余年的锤炼、积淀，自身所具有的穿透力极大，对后世必然产生重要的影响。正如希尔斯所言，传统已如皮肤，无法剥离。在中国法律封建时代走向近代化的开启阶段，固有力量要远远大于新生力量，所以法理派遭受挫折是意料之中的。但是，从另一角度看，不是礼教派获得了胜利，而是法理派取得了实际胜利。礼教派在争论中，只是要求保留、增加维护纲常礼教的有关条款，对有关资本主义法律条文的存在采取了默认的态度，这就为以后的法律修订打下了良好根基。

礼法之争，是一个进步过程。争论双方都具有双重角色，既是受益者也是受害者。礼教派成功地把一些纲常名教的条文保留在新律之中，维护了中国传统法律的精髓，说明争论是以中国国情为基本出发点的；同时，在争论过程中，又不自觉地受到西方资产阶级法律思想的影响，动摇了自身生存的根基，作出部分让步，甚至接受改变，又显示了西方资本主义法律思想已在中国生根发芽，表明了新生力量的顽强生命力。1906年，法理派奏进《大清刑事民事诉讼法》草案，使中国沿袭两千多年的诸法合体的法律结构形式开始动摇，并提出在中国采用西方流行的陪审制和律师制。由于礼教派反对，未加施行。但京内外各级官员们的议论，拉开了礼法之争的序幕。随着争论和法律改革的推行，1910年，编成《大清刑事诉讼律草案》和《大清民事诉讼律草案》，并钦准施行。法理派虽然被迫接受纲常名教条文，但他们依然在法律中加进了体现西方资本主义法治思想的条款，使旧律在某种程度上变成了真正意义的"新律"，为民国时期制订资本主义性质的法律奠定了基础。更为重要的是，由于争论异常激烈，双方论点不仅在统治阶级内部广为传播，而且以上海《申报》为代表的清末报纸也十分关注修订法律的进程和礼法两派的争论，并及时发布相关新闻和论说，如"紧要新闻：新旧刑律之大激战""紧要新闻：新律维持会纪事两则""紧要新闻：新刑律之大辩论"等等，这些大量有关修订法律新闻的宣传，使社会中下层知识分子了解关注国家法律的修订情况，探讨相关的法律问题，认识到了中西法律的差异。这在客观上推动了西方资本主义法治思想在中国的传播，加速了古老"中华法系"的瓦解过程，对中国近代法律思想和法律制度的发展产生了深刻影响，启动了中国法律由封建化向近代化转型，推动了中国法律近代化的进程。因此，这场争论实际上是一个双赢的结局，它既让人们看到了中国传统法律的缺点而不断加以改正，又使人们了解了西方近代法律的优点而进行大胆借鉴。这种做法正是任何改革要取得成功所必备的。

第 8 章

近代法学教育奠基人

主张重设律博士

沈家本是当之无愧的近代法学教育的奠基人。他的法学教育理念和实践对法学教育产生了重大影响。

在法学教育的理念上，沈家本认为要达到法学兴盛、促进政治治平的目的，首先，法律在内容上要符合社会发展的要求，即要有"良法"。晚清修律就是要在这个层面上使中国之法，成为可以促进独立自强的良法。

其次，已经被制定出来的法律要得到良好的遵守和执行。"徒法不足以自行"。沈家本指出"有极善之法，仍在乎学之行、不行而已"，只有法律被遵守和执行，社会安定、政治稳定才会实现；否则，混乱就会产生，"有法而不守，有学而不用，则法为虚器，而学亦等于卮言"。"法立而不守，而辄曰法之不足尚，此固古今之大病也。自来势要寡识之人，大抵不知法学为何事，欲其守法，或反破坏之，此法之所以难行，而学之所以衰也"，"俾法学由衰而盛，庶几天下之士，群知讨论，将人人有法学之思想，一法立而天下共守之，而世局亦随法学为转移"，最终实现国家大治。这一思想，与亚里士多德的法治思想何其相似！

为实现良法和守法，沈家本主张重设律博士。律博士或律学博士就是我国古代教授法律和保管法令的官员。从北魏设立，西晋至宋朝均沿袭，到了元朝废除了这一职位。1906 年，清王朝进行官制改革，沈家本力主恢复从元代以后即被中断的设置律博士传统。他要求在新官制中增设律博士一职。并为此而撰写了《设律博士议》一文来阐明自己的主张。

他提出两点理由：其一，律博士有利于律学的传承。律博士是历代之官制，虽然"其品秩、人数、多寡、高下虽不尽同，而上自曹魏，下迄赵宋，盖越千余年"，但这正是律学之所以不绝于世的原因。

其二，律博士有利于法律之学的学习和研究。只有"国家设一官以示天下，天下之士方知从事于此学，功令所垂，趋向随之"。中国学而优则仕的传统悠久，当国家设立此官，天下的读书人即趋之若鹜。汉魏之际律学的繁盛和二十世纪初近代法律教育的鼎盛就是明证。元朝废除此官职之后就造成了明代虽有"讲读律令之律"和"研究法学之书"但"或传或不传"；法律学习与研究的衰落与不重视法律的观念有关，更深层次的原因在于废除了律博士一职，读书人失去了做官的动力。

其三，律博士有利于法律的创立、执行。沈氏认为："法律为专门之学，非俗吏之所能通晓，必有专门之人，斯其析理也精而密，其创制也公而允。以至公至允之法律，而运以至精至密之心思，则法安有不善者！及其施行也，仍以至精至密之心思，用此至公至允之法律，则其论决又安有不善者？"因此，必须有专门之人进行研究，阐发和教育，究其法理，掌握律意，从而使之正确而又公允地实施。

沈家本的重设律博士一议未被当局者批准采纳。但是，他呼吁给法律研究者一个位置的做法，彰显了沈氏卓有远见的法律教育思想。

学习西法，兼顾传统

沈家本认为学习西法是法学教育的重要途径。在法学教育之中，沈家本主要是从教材和师资两方面着手引进"最普通之法则""最精确之法则"的。在教材方面，沈家本主张"欲明西法之宗旨，必研究西人之学，尤编译西人之书"，对于外国的法律制度"非亲见之不能得其详，非亲见其精译之不能举其要"，所以编译外国法律书籍就成为沈家本引进外国法学教育不可或缺的内容。他组织翻译了大量国外尤其是日本的法学书籍，从法律文本到法学著作，范围极其广泛。翻译法典是最重要的一个取人之长的途径。修律之初，沈家本与同为修律大臣的伍廷芳先从翻译外国良法入手，用重金广揽翻译人才，翻译德、日、英、美、法等资本主义强国的民、刑、诉讼、国籍等各法。在沈家本主持修律期间，先后译出四十余部外国法典。以沈家本四次统计的数字为例，1905 年 3 月，沈家本在《删除律例内重法折》中列出了法律馆近一年中已出版和正在校对出版的法律和法学著作共十二种，其中日本最多，占八种，德国次之，有二种，还有法国、俄罗斯各一种。1907 年 5 月沈家本在《修订法律情形并请归并法部大理院会同办理折》里对已译和正在译的法律和法学著作又作了一次统计，共为三十一种。其中，德国有四种，其他还有法国、意大利、荷兰等的著作，但数量均不及德国。1909 年 1 月，沈家本再次对自 1907 年法律馆离部独立以来翻译和正在翻译的法律和法学书籍作了一次新的统计，共有四十三种。其中，德国的占八种，还有英国、美国、奥地利和法国等国的。1909 年 11 月，沈家本在《修订法律馆奏筹办事宜折》里，最后一次对翻译的法律和法学著作作了统计，总为十四种。其中，德国和法国的最多，均为四种。另外，还有奥地利的二种。由此可见，当时中国把翻译法律和法学放在极为重要的地位。总观已翻译的法律和法学著作，门类已十分齐全，涵盖了刑法、民法、海商法、国籍法、破产法和民事诉讼法一些重要部门法，还译了为数不少的法学论著，如《日本刑法论》《普鲁士司法制度》等。

沈家本在《删除律例内重法折》中还提到的自光绪二十八年奉上谕，"遴选谙习中西律例司员分任纂辑，延聘东西各国精通法律之博士、律师以备顾问，复调取留学外国卒业生从事翻译"。沈家本亲自与"原译之员，逐句逐字反复研究，务得其解，力求信达"。这些精译之作，不但数量上大大超过前期，质量上也是前期翻译所无法比拟的。这是清代历史上由官方进行的最集中也是最为系统的对外国法律的引进，为普及近代西方法学知识、复兴中国法学起到了重大的作用。

仅仅引进书籍还是不够的，沈家本还主张聘请日本法学专家充任法学教员。他聘请的日本法学专家冈田朝太郎、松冈义正、小河滋次郎和志田钾太郎均先后在法律学堂内教授中外法律。斯时，"日本之讲求法律，著书立说非一家，而冈田博士之书，最鸣于时"，而"小河滋次郎为日本监狱家之巨擘"。可见，沈家本在聘请外国专家时亦特别注意挑选最能代表法学研究最新、最前沿成果的专家，从而实现他所追求的法学教育上的"原本后出最精确之法则"和"最有利益之法则"。从沈家本担任法律学堂事务大臣期间的收支款目清单中可见，聘请的外国教席的薪水支出占据法律学堂一年全部开支的近 60%，足见他对外国专家在法学教育中地位的重视。

向西方学习的同时，沈家本也强调传统的重要性。沈家本认为"为学之道，贵具本原。各国法律之得失，既当研厥精微，互相比较。而于本国法制沿革以及风俗习惯尤当融会贯通，心知其意"，"不深究夫中律之本原而考其得失，而遽以西法杂糅之，正如枘凿之不相入，安望其会通哉？是中律讲读之功，仍不可废也"。正是基于对中国传统律学和历代法律在修订和施行新律中的重要作用的认识，沈家本主张在法律学堂开设的课程中应当设置"大清律例要义、中国历代刑律、中国古今历代法制考、东西各国法制比较"等课程，而大清民律、商律等课程，因为在制定过程中就充分注意到了与中国社会、民情的结合，因而在学习内容上显然也兼顾了西方法律原则与中国法律传统。

创办主持法律学堂

清代传统对官员的法律培训，主要有两种方式：一是沿袭明代的"讲读律令"，由朝廷负司法责任的官员和地方官员对律法进行解读。二是刑名幕友的培训。因为清代的正规学校教育和科举考试都不重视法学，而幕友的法学教育则较为制度化，对他们的培训成为法学专业人才培养的重要途径。直到19世纪60年代，情况才有所改观。

设立于同治元年（1862）的京师同文馆是近代中国的法律教育的开端。这所专门的语言学校自从1867年美国传教士丁韪良在馆中教授他所翻译的《万国公法》之后，同文馆逐渐演变成外交学院的方向发展。中国近代的第一个法律教育机构，公认为是中国近代创办的第一所大学——北洋大学堂所设立的法律科。但沈家本所创建和主持的京师法律学堂在近代中国法学教育史上地位不可撼动。

当时，法律人才极其短缺，因此，迅速培养精通中西法律的人才为修律所用就成为当务之急。1905 年 3 月，沈家本、伍廷芳在《删除律例内重法折》后所附的折片口提出："新律修定亟应储备裁判人才，宜在京师设一法律学堂，考取各部属员入堂肄业，毕业后派往各省为佐理新政、分治地方之用。"沈家本、伍廷芳等人多次上奏朝廷，陈述培养法律人才的重要性和紧迫性。在取得朝廷认可后，1905 年 3 月 20 日，正式上章请设法律学堂。经过一年多的筹备，法律学堂于 1906 年 10 月开学。清廷于 10 月 20 日赏赐《古今图书集成》一部作为对法律学堂开办的贺礼。

第二年，法律学堂由修订法律馆所属改为法部直属，并正式改称京师法律学堂。伍廷芳和沈家本等人一起制定了设学总义章、学科程度章、职务通则、讲堂规条章、礼仪规条章、图书馆规条章、经费规条章等规章制度对学堂进行管理。沈家本把兴办法律教育与修订法律、收回治外法权、政权稳定及强国利民联系在一起。在学堂的"设学总义"章中明确提出本学堂以造就"已仕人员，研精中外法律，各具政治知识，足资应用为宗旨，并养成裁判人才，期收速效"。

沈家本认为"为学之道，贵具本原，各国法律之得失，既当研厥精微，互相比较，而于本国法制沿革，以及风俗习惯，尤当融会贯通，心知其意"。因此，法律学堂的课程设置除了国文、体操两门课是贯穿三年的必修课程之外，其余的专业课程的安排如下：第一年科目：大清律例及唐明律、现行法制及历代法制沿革、法学通论、经济通论、国法学、罗马学、民法、刑法。第二年科目：宪法、刑法、民法、商法、民事诉讼法、刑事诉讼法、裁判所编制法、国际公法、行政法、监狱学、诉讼实习。此外，还设有一年半毕业的速成科，主要学习刑律、诉讼、裁判等法。后来沈氏亲自担任京师法律学堂的事务大臣。该学堂的科目设置不但充分体现了沈家本参考古今，贯通中外的法律教育思想，而且，也可以看出当时的法律教育已向近代法律教育转型，许多课程名称与当今的法律教育课程基本相同。近代法律建设百废待兴的形势下，一所京师法律学堂显然难以完成"造就法律人才"的使命。故而沈家本主张除了要在京师设立法律学堂招收各省高等学堂毕业生以外，还应该在各省课吏馆内设仕学速成科，招收"候补道府以至佐杂，及年在四十以内者"，"本地绅士亦准附学听讲课程"。在今天看来，京师法律学堂从事的是学历教育，各省的仕学速成科则是职业培训。此外，为了缩短人才培养的周期，加快清末新政的进程，沈家本主张即使在京师法律学堂的学历教育中也应当区分不同层次。他提出在法律学堂内应分正科和速成科：正科学制三年，共开设三十七门课程，相当于今天的本科教育；速成科学制一年半，共开设十四门课程，相当于今天的专科教育。这样，就形成了一个包括京师法律学堂、地方课吏馆，分法学本科教育和专科教育的多层次法学教育体系。

在沈家本、伍廷芳、学部大臣孙家鼐等人的推动下，各省先后筹建法政专门学堂二十二所，并且还出现了法学函授教育这种教学形式。据专家统计研究，得出这样的结论：中国近代独立设置的法政学堂出现于1904年，1905年以后，如雨后春笋般地出现在中国各地。1907年至1909年间，法科学堂数和学生数逐年攀升，法科学堂从占学堂总数的35.5%增加到44.2%。法科学生数则从1907年的43.3%迅速增加到1909年的62.7%，直至1916年，法科学生数还占学生总数55.7%，法科学生占了一半，这在中国法律教育史上是盛极一时的。这种专业结构在世界教育史上也是罕见的。

在办学渠道方面，沈家本的办学思想亦是非常灵活和开放的。一方面，他聘请外国法学专家担任教席，这可以算是法学教育当中的"请进来"；另一方面，他亦主张法学教育要"走出去"。在他的积极倡导下，清末派遣大量中国学生赴日留学。他们中的大多数人都热衷于学习法律，回国后成为晚清、民国及以后相当长时间内的中国法学和法学教育的中坚力量。此外，沈家本还主张派遣官员出国考察外国的司法制度，他曾奏请朝廷派遣"通敏质实，平日娴习中律，兼及外国政法之书，均能确有心得"的刑部候补郎中董康、刑部候补主事王守恂、麦秩严前赴日本考察监狱和审判制度。一方面，为清末新律的修订提供经验借鉴；另一方面，这些经过考察而制定的新律又成为晚清法学教育的非常重要的内容。

后来，尽管有许多专家学者对于法政人才的培养规模迅速扩大，法律教育的畸形发展提出了批评，但有一点是值得肯定的，那就是自京师法律学堂设立后，全国兴起一股学法的热潮，法律学堂在全国各省如雨后春笋般纷纷兴起，促进了法律知识的传播、法律思想的变革，从此中国的法学教育步入了一个全新的阶段。京师法律学堂创办的几年时间内，毕业者近千人，一时称盛，为当时和之后的法学界培养和储备了难得人才。为中国法制的发展作出了一定的贡献，其所培养的人才，在以后的政治及法律教育中发挥了很大的作用。

支持法学会及其刊物

沈家本认为提高整个民族的法律素养是实现良法和守法的关键。为此，他积极组建法学会，创办法学刊物，普及法律教育。所以1910年10月，法律馆员和法律学堂汪有龄（子健）、江庸、汪宋园等与他商议筹建法学会之时，他极为赞成并大力支持，捐款相助。

在沈家本的支持和推动下，中国近代第一个全国性的法学学术团体——北京法学会成立，沈家本被推选为首任会长，主持会务。北京法学会以对中外法律的研究为内容，形成了一个比较完整的法律人团体。

北京法学会成立后，主要开展了两项活动：一是在财政学堂设立短期法政研究所，邀请在修订法律馆协助修律的日本法学博士冈田朝太郎和志田钾太郎为研究所义务讲授法学原理。法政研究所实为短期的法学讲习班，至 1911 年夏，因酷暑而中止。

二是创办了法学会刊物《法学会杂志》。据王健先生近几年来在京沪等地图书馆多方搜集和统计的资料，清末至民国期间先后出版的法律专门杂志有七十七种之多，其中清光宣之际三种；民元至 1923 年间八种；1927 年至 1937 年间四十一种；1938 年至 1945 年九种；1946 年至 1949 年十六种。其中最有影响，最引人注目的便是《法学会杂志》。1911 年 5 月，法学会刊物《法学会杂志》创刊，由崇文门外兴隆街北官园益森公司印刷的《法学会杂志》第一期问世。杨荫杭著发刊词。栏目不定期地设有论说、社会政策、刑事政策、各国法制史或外国法制、监狱协会报告、中国法制、法制解释、丛谈、译丛、判决录及专件等，中外法学家纷纷为之撰写文章，推动了法律研究的深入。后因辛亥革命中断。1912 年 8 月，南北政事稍安，章宗祥、汪有龄等承沈家本之托，约集同志继续筹议会务进行方法，公举刘崇佑、王宠惠、许世英、施愚、章宗祥、曹汝霖、汪有龄、江庸、余启昌、汪曦芝、姚震、陆宗舆为学会维持员，掌修订会章、经划会务之责。1912 年 12 月重开大会于北京化石桥法学会事务所，订《法学会章程》，确定发行杂志仍为学会应办事务之一，1913 年 2 月 15 日《法学会杂志》复刊。

复刊后的《法学会杂志》第一卷第一号问世。沈家本欣然为之撰写了《法学会杂志序》。他深情地写道："异日法学昌明，巨子辈出。得与东西各先进国媲美者，斯会实为之先河矣。"复刊后的《法学会杂志》仍按月出刊。至 1914 年底再次停办，其间共发行二卷十八号。总体上《法学会杂志》自问世时起，即承担着输入东西各种法政学说和理论知识于中国，向国人普及近代法律思想观念的功能，为旧中国法律教育起到播种机的作用。

第 9 章

再出江湖：袁世凯的法律顾问

再出江湖

　　沈家本自宣统三年（1911）四月初十清政府组建"皇族内阁"时就已经正式退出官场，但之后不久，又以司法大臣的身份参加了清王朝的接奉退位诏书仪式。

　　1911 年 10 月 10 日，中国同盟会在武昌发动新军起义，声震全国。随后，各地纷纷效仿，全国二十二个省中，有十七个省宣布独立。清廷惶惶，年轻的摄政王载沣万般无奈之中，不得不启用他的心头之患袁世凯。

　　慈禧在世时，袁世凯颇得慈禧的欢心，任直隶总督、北洋大臣，曾经权倾一时。他紧握兵权，在政治方面，力推立宪运动。1908 年载沣上台，形势忽变，不仅逼他退休，而且对他起了杀心，袁世凯看到形势不妙，回到河南老家，伺机东山再起。

　　1911 年 10 月 14 日，载沣诏授袁世凯为湖广总督，命令他赴武汉节制各军。袁世凯在端足了架子之后，提出各种要求：召开国会，组建责任内阁，解党禁，宽容起事党人，总揽兵权，增加军费。载沣无奈之下，答应了他的要求。袁世凯击败了国民军，清廷任命袁世凯为内阁总理大臣。

袁世凯上任第一件事就是组建责任内阁，沈家本为司法大臣，已经赋闲在家的沈家本没有推辞，再出江湖。为何已经厌倦官场，而且对清廷深深失望的沈家本会再次出山？因为他和袁世凯的私交。在天津任上，二人打过交道，沈家本很欣赏袁世凯的才华，在部院之争和礼法之争中，袁世凯都是支持沈家本的。对袁世凯而言，于公于私沈家本都是担任司法大臣的最佳人选。两场争论凸显了沈家本在法学领域的领军地位。他作为修律大臣，成绩显赫，在国际法学界也享有一定声誉。袁世凯一直以"新派"自居，任用沈家本也表明了他的立场。

沈家本被任命为司法大臣，梁启超被任命为司法副大臣。梁启超，1873 年生，字卓如，号任公。祖籍广东新会。出身于传统的耕读之家。四岁开始学习四书五经，九岁就会写八股文了，十二岁中秀才，十六岁中举。后偶然接触到《瀛环志略》，开始接触与钻研西学。同年，拜康有为为师，追随康有为学习四载，协助康有为编撰《新伪学经考》《孔子改制考》，深受康有为维新变法思想的影响，成为维新派的领袖人物。他随同康有为发起"公车上书"，创办《万国公报》，担任上海《时务报》主笔，影响深远。

在沈家本的眼中，梁启超才华横溢，敢作敢为；在梁启超看来，沈家本不过是个昏庸的老官僚。二人有一点是相通的，都希望通过改良而非革命来改变积弱的中国。不过，历史却证明，年轻的梁启超后来却成了顽固的保皇派，而老叟沈家本却坚决地与旧王朝决裂。两位司法大臣在动荡的社会之中上任，只能被时代的潮流裹挟着前行。

1912 年 1 月 1 日，宣统三年十一月十三日，孙中山就任中华民国第一任临时大总统，中国古老的帝制寿终正寝。2 月 12

日，隆裕皇后携幼帝溥仪，在紫禁城乾清宫举行颁布退位诏书仪式。仪式简短而潦草，历时二百六十八年的清王朝，正式结束。

沈家本参加了退位诏书仪式，一辈子向皇帝行跪拜礼，最终以三鞠躬告别了这个王朝。这位老臣的心中一定是五味杂陈。

革命与改良

三天以后，临时参议院选举袁世凯为临时大总统，两天以后，袁世凯发出布告：全国统一使用公历，清王朝彻底淡出历史。沈家本在日记里如实记载了这一事实，未作任何评论，但能感受到其复杂的心情。

民国成立，沈家本虽然意欲淡出政坛，但还有一些事务性的工作需要交接与处理。他的副手——司法副大臣像走马灯似的变换，清廷官员们人心惶惶。旧历的正月十二日，发生兵变，袁世凯借此定都北京。袁世凯受职，特任唐绍仪为国务总理，新政府的组阁提上了议事日程，章炳麟推荐沈家本担任司法总长。

章炳麟即章太炎，1869 年生，浙江余姚人，著名的革命家，国学大师，对经学和史学有深入研究，著述颇丰。中日《马关条约》签订后，投身拯救民族与国家的革命运动。1897 年，担任《时务报》撰述，后与康有为闹翻，创办"兴浙会"，1898 年，担任《昌言报》主笔，戊戌政变后，为政治避难故，到台湾。之后，致力于革命宣传。1903 年，因"苏报案"被判监禁三年。

章太炎的提议并未被临时政府采纳。王宠惠和徐谦分别任司法总长和司法次长。二人皆是学法律出身，有深厚的专业基础。沈家本对二人非常认可，当年选调人才进入法律修订馆时，王宠惠就是他器重的人才之一。此刻的沈家本对官场已经毫无留恋，将移交工作作了充分的准备。交接工作非常顺利，沈家本彻底退出了官场。

几天以后，王宠惠和徐谦一同拜会沈家本，老、中、青三代畅谈法律，气氛甚是融洽。一个多月以后，唐绍仪辞去总理一职，陆征祥出任总理。刚刚上任不到三个月的司法总长王宠惠辞职，抗议袁世凯的独裁。不久之后，徐谦也辞去司法次长一职。

司法总长的位子空缺，章太炎推荐：若求法部，唯有仍任沈家本，未能斟酌适宜耳。一时间，沈家本家中门庭若市，说客不断，沈家本以身体有恙为借口，一概回绝。后来，袁世凯聘其为司法顾问。司法顾问一职，沈家本没有再推脱。

担任司法顾问不久，发生一件震惊全国的案件——张振武案件。张振武生于 1877 年，湖北竹山县茅塔镇人，积极投身革命，被黎元洪密谋杀害。本已淡出政界的沈家本认识到，张振武是因为二次革命而丧生。沈家本开始对革命产生了好奇心，陈英士进入了他的生活。

陈英士，1878 年出生于一个富商家庭，留学日本后，加入中国同盟会，成为孙中山的得力助手，还是秋瑾、徐锡麟的好友。陈英士专程拜访沈家本。两人促膝而谈，一个寄希望于改良拯救积弱的中国；另一个则希望通过革命，缔造一个新的中华民国。

迟暮之年的沈家本逐渐向革命靠拢。

第 10 章

沈家本的法律思想

会通中西的法律观

沈家本的法律思想具有融会中西的特点。作为修订法律大臣，沈家本一方面摒弃旧派不察世局、妄自尊大、一味拒绝西学的迂儒立场，主张在引进西方法律时，学习、借鉴西方的法律制度。特别是他把中国置于世界的范围内，进行考察，借以说明海禁大开以后的中国，万难固守祖宗成法而不变。否则"以一中国而与环球之国抗"，优劣之势，不言自明。为了贯彻清政府"务期中外通行"的修律方针，他"参考古今，博稽中外"，认为中国必须"取人之长，补我之短"。为此，他积极组织力量，翻译资本主义国家的法律，作为修律的蓝本；同时，聘请外国法学家充当法律顾问和派员赴外国考察，以便更好地了解和掌握西方的法律。他批判"崇尚西法者和墨守先型者"，因为"方今世之崇尚西法者，未必皆能深明其法之原，本不过藉以为炫世之具，几欲步亦步，趋亦趋。而墨守先型者，又鄙薄西入，以为事事不足取。抑知西法之中，固有与古法相同者乎？"仅仅将"崇尚西法"当作"炫世之具"，法律改革是无法成功的，因此，应该以开阔的胸怀，认真地学习西法。从沈家本学习西法的态度上看，沈家本的法律思想具有开放性的特点。

另一方面，他对西法的态度也很理性，认为中法和西法各有优劣，他在《法学名著序》一文中，这样说道："夫吾国旧学，自成法系，精微之处，仁至义尽，新学要旨，已在包涵之内，乌可弁髦等视，不复研求。"沈家本高度评价传统旧学，反对完全抛弃中国传统的法律。并且"中国今者方议改裁判之制，而礼教风俗不与欧美同。即日本为同洲之国，而亦不能尽同。若遽令法之悉同于彼，其有阻力也固宜然"。也就是说，中国的礼教风俗与欧美各国不同，与日本也有区别，因此必须根据我国的国情制定新的裁判制度，否则会增加修律的阻力。他认为"当此法治时代"，要想使法律"会而通之以推行于世"，必须同时探讨研究古今中外的法律制度，"若但征之今而不考之古，但推崇西法而不探讨中法，则法学不全，又安能会而通之以推行于世？"所以，他既长期保持着了解、学习甚至仿效西律的基本态度，"既广译东西各国法律之书"。又坚持变法修律须立足于"中律之本源"，复甄录我国旧文，针对一些人将传统的成果统统斥之为"陈迹耳""故纸耳"的议论，他竭力反驳，认为各国之情有异，不能一概以新学而逐旧学，贵在于"互相发明"，推陈出新。他在主持大量翻译外国法律著作的同时，还主持搜集、整理、刊刻了大量的中国古代法律和法学著作，为保存、传播我国的法律文化遗产作出了巨大的贡献。

沈家本在学习、仿效西方法律的同时，在精神和原则上保持中国特色，因而形成了"参考古今、博稽中外"的"会通"思想。在沈家本看来，实现会通的途径应当是："我法之不善者当去之，当去而不去，是之为悖；彼法之善者当取之，当取而不取，是之为愚。"只有根据当时当地的风俗习惯，"虚其心，达其聪，损益而会通焉，庶不为悖且愚乎"。他认为在研究和运用法律的过程中，只有"勿求之于形式，而求之于精神，勿淆群言，勿胶一是，化而裁之，推而行之"，才能够消除古今中外门户之见，达到"平争讼，保治安"的目的。

沈家本融会中西思想的形成，与其所处的时代具有密切的联系。清末法律改革的直接动因是"收回治外法权"，帝国主义列强放弃"治外法权"的一个重要条件便是等"查中国律例情形，及其审断办法，及一切相关事宜皆臻妥善"。面对中国司法独立主权的丧失，作为修律大臣的沈家本，为了收回领事裁判权，不得不"按照交涉情形"违心地将我国法律制度的某些内容加以西化。因而其法律思想具有强烈的爱国性。而且，沈家本融会中西思想的形成，与其自身的法律素养和开阔的胸怀也有着密切的联系。由于沈家本多年担任司法官吏，对中国传统法律有着极深的研究，在组织翻译西方法学著作的过程中，对西方的法律制度和法律思想有了更多的了解，为其融会中西提供了条件。也正因为他具备这样的条件，才被清政府任命为修订法律大臣，担当清末法律改革的重任。

沈家本的思想还具有贯通古今的特点。针对当时法学界出现新旧、中西门户之见，沈家本提出了"旧有旧之是，新有新之是"，"旧不俱废，新亦当参"的主张。他说："新学往往从旧学推演而出，事变愈多，法理愈密，然大要总不外'情理'二字。无论旧学、新学，不能舍情理而别为法也。所贵融会而贯通之。保守经常，革除弊俗，旧不俱废，新亦当参。"他认为在"事穷则变之时"，应当仔细推究法的宗旨、研究古代法律施行的经验。"夫古法之不同于今而不行于今，非必古之不若今，或且古胜于今。而今之人习乎今之法，一言古而反以为泥古，并古胜于今者而亦议之。谓古法之皆可行于今，诚未必然。谓古法皆不可行于今，又岂其然。"通过对中国古代法律进行系统的研究，他得出结论说："伏思为学之道，贵具本原。各国法律之得失，既当研厥精微互相比较，而于本国法制沿革，以及风俗习惯，尤当融会贯通，心知其意。"同时他认为法律应该伴随今昔形势的不同，而为之损益，不能简单袭用。

沈家本贯通古今思想的形成，与中国传统法律在清末的巨大影响有着密切的联系。清朝末年，尽管社会性质已经转变为半殖民地半封建社会，但在法律上一直沿用《大清律例》，传统礼教对人们思想的影响根深蒂固，因而在修律过程中，如果借鉴西法过多，或者有违反传统礼教的内容，就会遭到礼教派的极力反对，甚至会导致修律的失败，如中国历史上第一部专门的程序法典《大清刑事民事诉讼法》，因首次引进了资产阶级的公开审判制度、陪审制度、辩护制度、律师制度等，被张之洞指责为："大率采用西法，于中法本原似有乖违，中国情形亦未尽合。"该法由于礼教派的反对而未能正式颁行。所以在修律的过程中，为了修律的顺利进行，为了便于人们接受新律，沈家本一方面采用"托古改制"的方法，为修律提供理论依据。如法治学说，他认为西方学说中的法治主义，中国古代早已有人持论，《管子》就有"立法以典民则详，离法而治则不详"。又说"以法治国，则举措而已"。这些都"与今日西人之学说流派颇相近"，只不过宗旨不同罢了。再如西方的罪刑法定原则，亦可在我国古法中窥其端倪。《周礼·大司寇》中"有悬刑象于象魏之法"，"《小司寇》之宪刑禁，士师之掌五禁，俱循以木铎"，"布宪执旌节以宣布刑禁"。这些都是"法无正条不处罚之明证"。另一方面以儒家的"仁"学思想作为改革传统法律的理论依据。"仁"是孔子思想的基础和核心，也是儒家思想的核心。孔子强调"仁者爱人"，认为"仁"的基本含义是"爱人"，孟子主张统治者治国要推行"仁政"。深受儒家思想熏陶的沈家本在进行法律改革的多份奏折中，反复提到"仁""仁政"，他认为"治国之道，以仁政为先，自来议刑法者，亦莫不谓裁之以义而推之以仁，然则刑法之当改重为轻，固今日仁政之要务，而即修订之宗旨也"。即以"仁政"作为变法修律的宗旨。这些都有利于沈家本法律思想的推行。

另外，与沈家本对中国传统法律的精深研究有着密切的联系。早在担任修订法律大臣前，任职刑部期间，他就开始研究中国传统法律，尤其是1883年考中进士后，开始"专心法律之学"，先后撰写了大量的法律著作，如前面已经提到的《压线编》《律例偶笺》《律例杂说》《刑法杂考》《奏谳汇存》《驳稿汇存》《学断录》《刑案汇览》《读律校勘记》等，现在保存下来的主要有《汉律摭遗》《沈寄笔先生遗书》《枕碧楼丛书》《历代刑法考》《寄簃文存》《历代律令》《沈家本未刻书集纂》《刑具及行刑之制考》等著作，确立了其清代律学大师的地位，为其贯通古今思想的形成，奠定了基础。

人权思想

沈家本的人权思想渊源于中国传统的民本、仁政思想和西方人权思想。沈家本重视人权，重视人的生命权与健康权。在刑法上的一个重要主张就是罪刑法定，废除"比附"制度。沈家本批判比附援引制度存在着三大弊端。第一个弊端是，"司法之审判官，得以己意，于律无正条之行为，比附类似之条文，致人于罚，是非司法官，直立法官矣。司法、立法混而为一，非立宪国之所应有也"。"立宪之国，立法、司法、行政三权鼎峙，若许司法者以类似之文致人于法，是司法而兼立法矣。"也就是说，执法的时候进行比附援引是违反立宪的基本原则的。第二个弊端是，"法者与民共信之物，律有明文，乃知应为与不应为，若刑律之外，参以官吏之意见，则民将无所适从。以律无明文之事，忽援类似之罚，是何异于以机阱杀人矣"。第三个弊端是，法外课刑的比附制度导致人权尽失。从人性本质的角度来分析，都应该废除比附定罪的制度。对此沈家本反复进行阐述，他说道："严酷慈祥，各随禀赋而异，因律无正条而任其比附，轻重偏畸，转使审判不能统一。"沈家本一向"反对审判人员根据《刑法》的条款规定进行主观臆测"，在沈家本看来，"一切犯罪须有正条乃为成立"，比附援引制度应当被废除。法外课刑的主要危害就在于定罪量刑的随意性非常大，导致人权难以得到有力的保障。与此同时，沈家本提出应当在立足于新的历史条件下，因时应势制定新的法律，以调整新的社会关系，便于依法定罪量刑。

沈家本的人权思想还体现在其主张废除严刑峻法、提倡刑罚个别化。沈家本推行仁政的首要措施就是废除酷刑、改重为轻。沈家本认为应该首先废除三种酷刑：第一种是戮尸、枭首和凌迟，第二种是缘坐制度，第三种是刺字的刑罚。这是"外人訾议中国法律之不仁者"最严重的地方。这样的严刑峻法虽然对犯罪分子可以在一定程度上起到震慑作用，但是"究非国家法外施仁之本义"。对于废除凌迟、戮尸和枭首之刑罚，他指出："第刑至于斩，身首分离，已为至惨，若命在顷忽，菹醢必令备尝，气久消亡，刀锯犹难幸免，揆诸仁人之心，当必惨然不乐。"他认为重刑的实施对于根治和预防犯罪是没有多大效果的。"谓将以惩本犯，而被刑者魂魄何知？谓将以警戒众人，而习见习闻，转感召其残忍之性。"

在废除缘坐制度方面，他指出："一案株连，动辄数十人。夫以一人之故而波及全家，以无罪之人而科以重罪，汉文帝以为不正之法，反害于民。北魏崔挺尝曰：'一人有罪延及阖门，……不亦哀哉！'其言皆笃论也。"在当今世界各国"咸主持刑罚止及一身之义"，中国应当顺应历史的潮流，遵循中国古代罪人不孥的古训，推行仁政，"将律内缘坐各条，除知情者仍坐罪外，其不知情者悉予宽免，余条有科及家属者，准此"。在废除刺字刑的问题上，沈家本非常赞同汉文帝废除肉刑的做法。刺字刑的立法本意，是使得犯人感到羞耻，以惩戒犯人和震慑其他人，但是结果却是"习于为非者，适予标识，助其凶横，而偶罹法纲者，则黥刺一膺，终身僇辱"。汉文帝认为刺字刑是一种"刻肌肤痛而不德"的刑罚，这样的刑罚"未能收弼教之益而徒留下不德之名"，这同时与儒家所倡导的仁政精神相悖。在沈家本的努力之下，这三种严酷的刑罚被废除。

沈家本人权思想的另一个重要方面就是重视人的平等权。他主张消除满族特权，实行满汉平等是其人权思想的重要内容之一。清政府在法律的适用上实行满汉区别对待的制度，满族人和汉人在法律面前是不平等的。沈家本说道："查律载：凡旗人犯罪，笞杖各照数鞭责。军流徒免发遣，分别枷号。徒一年者枷号二十日，每等递加五日，……流两千里者枷号五十日，每等亦递加五日。充军附近者枷号七十日，近边者七十五日，边远、沿海、边外者八十日，极边烟瘴者九十日。"满族人犯罪就享有特权，沈家本就奏请："嗣后旗人犯遣军流徒各罪，照民人一体同科，实行发配，现行律例折枷各条，概行删除，以昭统一而化畛域。"以保证法律实施的公平性和公正性，保障各民族的平等权。他认为只有消除满汉在法律适用上的不平等，才能建立起至公至正的法律秩序。与此同时，在管辖问题上，对由专门机构审理涉及满族人案件的制度也进行了改革，规定所有涉及满族人的案件，统一由各级审判厅审理，充分体现了满汉人民在法律面前人人平等的基本原则。

近代人权制度的重要内容之一是公民享有私有财产权与契约自由。沈家本在探讨法律应该维护雇佣自由和私有财产权的同时，也论述了法律应该保障民族之间平等自由地进行经济贸易的问题。清政府旧有的法律对于满族人依靠政治上的特权而占有的土地进行特殊保护，清政府的法律禁止满汉进行经济贸易，不允许汉人典卖满族人的土地和房屋。这样的制度规定，不仅不利于经济贸易的繁荣，同时阻碍了经济的进一步发展。针对这种制度上的弊端，沈家本明确地提出了"便民生而化殄域"的观点。他首先从法理的角度加以论证，认为世界上的万事万物要有生机，必须要有流通才能健康地成长，据此沈家本就认为，"厉禁愈严，生机就愈蹙"，在沈家本看来，民众如果不拥有对私有财产的处分权，不准许买卖商品，那么生计就无法得到保障，生活也就无法维持。由此可见沈家本把财产权利的归属问题放到了关系国计民生的高度来谈，据此他极力主张，满族人的房产准许和汉族人交易，对于满族人在外面居住谋生和买卖商品的行为不要禁止。认为这样可以使得满族人和汉人在经济上可以互通有无，推动经济的进一步发展。沈家本在主持制定新刑律的过程中，彻底废除了《大清律例》中关于满人和汉人进行经济贸易往来的禁止性规定。

沈家本主张夫妻平等。在奴隶社会制度下，礼的基本内涵是差别，因此就在男女关系问题上强调男女有别，男尊女卑。自从儒家思想在封建社会确定了统治地位后，"夫为妻纲"便成为指导封建社会立法、执法和司法的基本原则之一。在这个基本原则指导下制定和颁行的法律，明确规定夫妻相犯实行区别对待和同罪异罚的制度，尤其是对妻妾犯奸杀夫罪应当从严和从重处罚。沈家本从男女平等的角度论证男女应该同罪同罚。关于夫妻互相殴打伤害的问题，沈家本认为"夫则改轻，妻则改重，遂大相径庭矣。夫妻者齐也，有敌体之义。乃罪名之轻重，悬绝如此，实非妻齐之本旨"。对于妻或者妾杀害丈夫的问题，沈家本自始至终都主张根据实际情况进行平等地定罪，反对对犯罪的妇女专列罪名进行处罚的传统做法。

沈家本主张人身平等。主张废除奴役制度是沈家本人权思想中最耀眼的部分。沈家本在《历代刑法考》一书中对奴婢法律制度的历史沿革进行了详细的论述。他经过悉心考证，得出了"古之奴婢，皆罪人矣"的结论。沈家本对用良贱来区分人的制度进行了猛烈的批判。在沈家本看来，大肆买卖奴婢的坏风气一旦盛行，良民就会因为穷困而被卖作与罪犯身份相同的奴婢，这是无论如何也不能容忍的。自从有了良和贱的区别后，当良人杀死奴婢时就会得到减轻处罚。"而奴婢伤人，罪至弃市，良贱之分，相去悬绝，甚至炙灼，任意惨虐成习，不以为怪。"沈家本将这些丑陋的不可容忍的社会现象称之为敝俗。沈家本认为奴婢制度要求在市民社会中区分出良和贱，这是与"天地之性人为贵"的思想背道而驰的，按照封建专制制度下的法律，"官员打死奴婢，仅予罚俸；旗人故杀奴婢，仅予枷号，较之宰杀牛马，拟罪反轻"。沈家本强烈谴责这种现象是"殊非重视人命之义"。生命权应当得到保障，人格应当得到尊重，不能将人与动物相提并论。沈家本一直向往着西方资产阶级先进的人权制度和理念，他说道："泰西欧美各邦，近年治化日进，深知从前竟尚蓄奴，为野蛮陋习。英国縻数千万金币赎免全国之奴。美国则以释奴之令兵争累岁，卒尽释放，义声所播，各国风从。"因此，沈家本建议将清政府法律中有关奴婢制度的不合理规定一律予以废除。

西方法律制度比较重视私权主体之间地位上的平等和对私有财产权的保护。沈家本认为，必须要根据西方资产阶级国家的法律体系，来变革中国的法律体系。由沈氏主持制定的《大清民律草案》，是中国第一部具有资本主义民法原理的民法典。该草案以"世界上最普遍的法则"为指导方针，规定"凡能力之差异，买卖之规定，以及利率时效等项，悉采用普通之制"，以便作到公平公正。对于权利能力的内容，《大清民律草案》总则第二章第四条规定："人于法令限制内，得享受权利，或担负义务。"这是中国法律史上第一次用法律的形式规定了人与人之间在法律范围内实现权利与义务的统一。该草案第五条规定"权利能力于出生完全时开始"，反映了人的民事权利能力的天生平等性。对于行为能力，该草案第二章第七条就规定："有行为能力人，始有因法律行为取得权利，或担负义务之能力。"该草案规定满二十岁为成年人，具有完全民事行为能力。对于责任能力，该草案规定了过失责任的原则。草案第二章第三十七条规定，未满七岁，或虽满七岁但无识别能力的人，不负侵权行为的责任。草案规定人格权由权利能力、行为能力、姓名权和自由权组成，并十分详细地规定了对人格权的保护。该草案在债权篇里确立了契约自由的原则，体现了商品经济的本质要求，有利于广大民众从身份的束缚中解放出来，通过反映个人意志的契约或者合同进行经济交易。物权编规定："所有人于其所有物，得排除他人之干涉。"反映了保护权利人私有财产权的基本原则。该编明确规定了保护土地所有人的合法权益。物权编还将过去一直被视为动物的奴婢重新人格化，作为民事权利义务的主体。这就从法律上打破了旧律中对某些等级的人参与民事活动的限制，规定了社会的各阶级均可以平等地参与民事法律活动，体现了契约自由的基本原则。

从律学到法学：法学方法论的飞跃

律学是运用儒家学说来注释法典形成的一门学问，律学家的共同点是以儒家的学说为法典作注解。儒家的"三纲五常"，即"君为臣纲""父为子纲""夫为妻纲"封建等级观念以及"仁""义""礼""智""信"封建伦理道德是法律的最高准则。"父慈子孝""兄友弟恭""夫唱妇随"的社会境界是他们的理想。沈家本所关注的焦点已经不仅仅在于维持社会秩序，他从更加广阔的视阈来探讨如何通过法律改革，拯救积弱的清王朝。

历史的方法可以说是沈家本法学研究的最基本的方法，是他进行法学研究的基础。沈家本的代表作《历代刑法考》是他成功运用历史方法的范例。该书分刑制总考四卷，刑法分考十七卷，赦考十二卷，律令考九卷，狱考一卷，刑具考一卷，行刑之制考一卷，死刑之数一卷，唐死罪总类一卷，充军考一卷，盐法考、私矾考、私茶考、酒禁考、同居考、丁年考合一卷，律目考一卷，汉律摭遗二十二卷，明律目笺三卷，明大诰峻令考一卷，历代刑官考二卷。它们都是关于中国古代法律制度的内容，而且主要是探讨古代法律本来是什么样的，是怎么发展的，足见作者对于传统法律制度的深厚功力。沈家本在研究中主要作了以下工作：（1）考证。即对某项法律制度的来龙去脉作考察和辨证。以革除谬说，给人以古代法律的真面貌。（2）钩沉。即将历史上淹没的法律制度尽量地恢复起来，以使人们对古代的法律制度有完整的认识。（3）厘清沿革。即对古代法律制度作辨章学术、考镜源流的工作，以求沿波讨源，明了古代制度的演进。（4）考查得失。对古代的法律制度进行价值或功能层面的分析。通过这样的工作，人们对古代的法律制度有了全面而清醒的认识，对于何者当存何者当革有了一定的思想理论的基础。

中国传统律学采用纵向比较的方法，往往是进行古今对比，以古鉴今，或借古喻今，以期达到发展法学，改良法律的目的。沈家本提出会通中西，实质上是横向的中外对比，二者都是通过对比见出孰优孰劣，二者在学理上是相通的，也是沈家本对比较的法学方法的发展。

沈家本是运用批判方法较成功的代表人物。他对现行法律进行了深刻和公开的批判。传统律学是以肯定现有律例的合理性为立论基点的，明清时代的代表性的律学著作像《读律琐言》《明律笺释》《读律佩觿》《大清律例集注》等都是这样。就连比沈家本稍早的薛允升这样的著名律学大家，要表达自己对现行律典的意见，也不得不采取迂回曲折的办法即通过分析唐律和明律的优劣得失，婉转地陈述他赞扬唐律，对明清律例的不满。而沈家本则不同，他对现行法制的不满，往往是直接进行正面的批判。当然，他的分析和批判是建立在他对中国传统法律的谙熟和对西方法律的深切了解的基础之上的。例如，沈家本的《律例偶笺》就是他对《大清律例》批评意见的汇集。书中所列条目，他认为大多是可以删除的。再如，沈家本晚清修律时期奏稿、论说、考释、序跋，更是充满着批判的精神。

　　沈家本的一个重要的法学研究方法是价值分析法。作为修律大臣，沈家本十分重视立法的善与不善。他说，"窃谓后人立法，必胜于前人，方可行之无弊。若设一律，而未能尽合乎法理，又未能有益于政治、风俗、民生，则何贵乎有此法也"。基于这样的态度，他对古代的法律制度不是一概否定，对于西方的法律制度也不是全盘接受，而是进行具体的分析和评价。他说，"盖立法以典民，必视乎民以为法而后可以保民"。"其国之政教风俗，有不能强之使同者。因民以为治，无古今中外一也。""我法之不善者当去之，当去而不去，是之为悖。彼法之善者当取之，当取而不取，是之为愚。"对于审判制度的改革，他对日本的方法深表赞同。他指出，西方的裁判之制，分英美与德法两大派系，日本多取诸德法，然而，日本与德法又不尽相同。日本在学习德法的审判制度的同时，根据自己的国情进行取舍，所以取得成功。他进一步指出，"中国今者方议改裁判之制，而礼教风俗不与欧美同，即日本为同洲之国，而亦不能尽同。若遽令法之悉同于彼，其有阻力也固宜然"。他认为即使日本这么近的邻国也不能完全照抄人家的法律制度，即便是他们运用得很成功的制度。

对于古代的法律制度他更是加以充分的价值分析，他的这种客观、理性的态度是非常难得的。

民法思想

尊重人格、鼓励交易、关注民生是沈家本人文主义民法观的主要内容。沈家本的民法思想是中国传统儒家的"恤民"思想与西方近代以人格平等、财产自由为基础的民法思想相结合的产物。沈家本吸收了西方的"人格主义"思想，主张珍惜生命，尊重人格；注意到商品交易对于"民生"的重要意义，主张鼓励交易、诚信交易；接受了近代民事权利独立保护的思想，主张民事诉讼独立立法，民事规范不再科刑。另外作为饱受传统文化熏陶的封建士绅，沈家本在婚姻家庭方面的观念较保守，尽管他主张删除良贱不准为婚之律，体现了人格平等思想，但是总的来讲还属于维护封建伦理纲常的理念。

沈家本反复强调"现在欧美各国，……系用尊重人格之主义，其法实可采取"。"尊重人格主义"，是沈家本从事法律法制改革实践所始终不渝地坚持的一项基本原则，也是他的法律思想中最富有时代气息和理论价值的部分。沈家本的人格主义法律观在内容上既涉及人格的抽象平等、也涉及维持具体人格的基础条件，他主张人格平等、尊重人格、保障人格自由。

沈家本的人格平等观包括禁止买卖人口、反对奴役制，主张民族平等等内容。人格平等作为近代西方资产阶级革命的重要目标，包含了家庭成员之间的人格平等。沈家本作为受过严格的中国传统思想训练的封建统治阶级的修律大臣，在《妇女离异律例偶笺》《再醮妇主婚人说》等文章中表现的其婚姻家庭关系方面的思想基本固守礼法传统。他在《再醮妇主婚人说》中论证孀妇再醮主婚人应为夫家还是母家时，以"古人制礼，必本人情"作为论据，指出《居丧嫁娶例》中由夫家主婚之例，不够完善，并列举在"去妇"、夫家无至近亲属等情形下依风俗人情应由母家主婚；沈家本在该文中还基于对妇女的同情，论证了孀妇再嫁的合理性。沈家本在《删除同姓为婚律议》中，主张删除禁止同姓为婚律，改为禁止同宗为婚，尽管他的思想与现代婚姻法禁止近亲结婚的原则相去甚远，但是沈家本已注意到同姓与同宗的不同意义，指出婚姻法所禁止的应是血亲结婚，并不在于姓氏，在这一点上还是有一定进步意义的。

尊重人格就是要保护人的生命安全、维护人之为人的尊严。人格平等和尊重人格是人类彻底摆脱愚昧和野蛮状态步入近代法制文明的首要标志。以儒家传统仁政思想为基础，并吸收西方近代人权思想的精华，沈家本在珍惜生命、维护人格尊严方面形成了一系列的进步主张，包括废除残虐刑，禁止刑讯，变革行刑，等。

沈家本的人格自由法律观主要包括财产自由和雇佣自由两方面。财产自由和雇佣自由是近代人权的重要内容。他在论述法律应该保障各民族间平等地进行经济交往的问题时，表达了主张财产自由和雇佣自由的思想倾向。

沈家本立足于民生自养观念，竭力主张财产自由和交易自由。沈家本认为："下民之生计，贵能自养；未有生计窘迫，而上能遍给者也。"百姓的生计，贵在自力更生，即使皇帝的能力再强，也不可能照顾所有百姓的生活，生活窘迫的人也不可能都指望皇帝来救济，所以国家对于百姓自谋生计的各种活动应当鼓励和支持，而不是限制，只有赋予百姓自谋生计的自由，才能实现民富国强，长治久安。百姓自谋生计的自由其实就是财产自由和交易自由。

基于民生自养，沈家本主张置买产业的自由，同样基于民生自养，沈家本主张删除入山伐木的禁令。"中国生齿日繁，内地不足自养，于是有偷越番界图利之事，禁之恐启边衅也。"清政府为防止汉人与原住民之间发生纠纷，划分番界，禁止汉人至番界打猎、垦荒或伐木，可是为了谋生起见，还是时常发生汉人偷越番界，入山伐木等事。沈家本认为由于此类禁令"上不能导之谋生之道，而禁下之自谋生计，非仁人之所宜于此"。所以只是"具文耳"。还不如"准令前往伐木而收其税，并予番人以利益，番人亦必乐之，裕国使民两全之道也"。沈家本的这一思想颇具先进性，实际上是要确认一种对土地及林木的用益物权，汉人从原住民处取得伐木的权利，以便于自养，原住民从汉人手中获得出让伐木权利的对价，而政府也可以从这笔交易中得到税收。基于此，沈家本认为应该删除此类禁令。

财产权制度的近代化是中国民法近代化的一个重要组成部分。中国古代的财产权制度存在对于财产交易的种种障碍，呈现出静态化的特征。近代的财产权制度是适应近代的市场经济运行模式建立起来的，由其决定、为其服务。一般认为，近代的市场经济模式包括下列内容：市场主体、财产权制度、市场机制。能够认识到旧的制约财产自由交易的财产权制度与社会发展不相适应，主张变革旧的制度，保障财产的自由交易、诚信交易是沈家本思想先进性的表现，但是由于摆脱不了封建士绅身份的拘束，散见于沈家本上呈的奏折、日记中的鼓励交易观始终以保国安民为最终目的，字里行间散发着朴实的人文主义气息。

在沈家本看来，出口贸易必须保证货物质量精良，不弄虚作假，才能吸引外商购买，若辅之以轻税，则外贸必然畅通，长此以往，不仅外商可从中得利，而且国内也必然财源丰裕，海防经费的来源就可靠了。沈家本论证在出口贸易中要诚信为本，才能两相获利，财源滚滚，推而广之，不仅出口贸易，就是国内交易何尝不如此。沈家本论述进出口贸易问题是为了解决海防经费问题，但从中可以看出沈家本赋予财货交易，发展商品经济重要意义，也可见出其对商品交易原则的基本观点。

沈家本在《禁革买卖人口变通旧例议》折中，表达了其废除奴婢制、推行工制的主张。所谓贫富相济相通的经济交往方式，必须有两个前提：一是资本，一是契约自由即雇佣自由。在市场经济条件下，财产自由的实质是资本自由；而雇佣自由的实质是以契约自由为表现形式的交换自由。沈家本在该奏折中称："本大臣奉命纂修新律，参酌中外，择善而从。现在欧美各国均无买卖人口之事，系用尊重人格之主义，其法实可采取。"为革除买卖人口旧习，沈家本提出十一条办法。买卖人口多充作奴婢，奴婢制度重在家主与家奴身份的不平等，奴婢的人身自由和财产自由尽被剥夺，与人格平等原则极不相符，只有彻底废除奴婢制，才能禁绝买卖人口旧习，才能建立人与人之间平等的雇佣关系。在雇佣关系中雇主和雇工的权利义务是分明的。雇工的人身权利和其他权利受到法律保护；雇主对雇工不能像在封建主义奴役制下那样任意虐待和残害。从奴婢制到雇工制，这不仅仅是一种法律形式的变化，而是一场具有巨大历史进步意义的社会变革。它标志着文明对野蛮的胜利，人权对专制的胜利。雇佣契约以雇主与雇工双方自愿订立为原则，雇用期限由双方在契约中订明，"年限不问，男女长幼，至多以二十五岁为断，限满听归亲属"。沈家本所拟的十一条办法在制定《大清现行刑律》时被全部收入。赋予雇工人身自由的雇佣制度，成为解决近代资本主义工商业发展所需劳动力资源的重要制度支持。

中国传统法律认为，所有违礼的行为，无论是刑事上的，还是民事上的，都为国家行使的以刑罚为内容的法律所制约，而所有符合礼教的行为，都不在国家法律规范的范围之内。明清时代全国司法案件，可依罪名大小与"笞、杖、徒、流、死"等罪刑轻重，分为"州县自理细事、上司审转重案"两大类，前者主要包括刑度在笞、杖以下的"细事"案件，后者则包括徒刑及徒刑以上的"重案"。所谓"户、婚、田土、钱债"等案件通常归于"细事"；"人命、强盗、斗殴致死、聚众、谋反以及当事人涉及尊卑长幼人伦"关系的人身伤害或言语辱骂案件，则多属"重案"。因此，中国固有的民法资源，体现在律典之中的，多是宗法社会对民事行为的基本要求，是不得违反的，否则将以犯罪行为看待而施以刑罚。沈家本在《奏民事诉讼律草案编纂告竣缮册呈览折》中，从"保护私权，实关重要"的角度论证了单独制定民事诉讼法的必要性，表明他已经认识到民事权利的特殊保护机制，他说道："中国民刑不分，由来已久，刑事诉讼虽无专书，然其规程尚互见于刑律。独至民事诉讼，因无整齐划一之规，易为百弊丛生之府。若不速定专律，曲防事制，政平讼理未必可期，司法前途不无阻碍。"他还举世界法制发达的国家为例，说："东西各国法制虽殊，然于人民私权秩序，维持至周。既有民律以立其基，更有民事诉讼律以达其用，是以专断之弊绝，而明允之效彰。"清政府于光绪三十三年（1907）十月二十九日颁布《各级审判厅试办章程》，第一条就规定，"凡审判案件，分刑事、民事二项"，"民事案件，凡因诉讼而审定理之曲直者属民事案件"。自此清政府在审判体制上开始区分民事诉讼和刑事诉讼。为解决民事裁判的法律依据问题，修订法律馆于宣统元年（1909）十二月具奏《大清现行刑律》（宣统二年四月正式颁行）之际，沈家本特别申明：律中涉及户役条之承继、分产，以及婚姻、田债、钱债等条，凡属民事规范，均不再科刑。这些在刑律中不科刑的条文及附例，成为清末大理院民庭及下级审判机关的司法准据。从此在制定法中开始正式区分民事关系不同于刑事关系的特殊调整方式。

刑法思想

沈家本指出，在清末的法制变革之中，"各法之中，尤以刑法为切要"，刑法作为所有法律的最后保障，其重要性不言而喻。同时他又认为，"有法而不善，与无法等"，刑法应当是良善之法，才能得以执行与遵守，才能实现社会正义。

他认为，刑法首先要统一、明确，同时要因时而变。我国古代的法律有律、令、科、比，形式多样，难免会在适用中产生矛盾。法作为普遍的行为规范，不可相互矛盾，必须具有统一性，沈家本认识到了这一点。他举例说："律文虽有买卖奴婢之禁，而条例复准立契价买，法令已多参差"，因此必须改变"律无正条而仍有刑，是不信于民"的现状，"法必定于一，而后人可遵之信之，未有两歧而可以为法者"。其次，刑事法律规范必须明确，即罪刑明确化，这也是适月刑法、遵守刑法的前提与基础，它要求刑法的条文须文字表达确切、意思清晰，不得含糊其辞、模棱两可，使公众无所逼从，所谓"一义必有一名，一名不兼他义，泛言之或可通称，切言之必有专称，条理分明"。

刑法又不是一成不变的。"法久弊生，不能不变，变而不善，其弊益滋。"变通需融合古今，贯通中西，求同存异，勇于创新。良善刑法是适时而变的产物，是博采世界之长、兼顾中国国情的适时之法，创新必须建立在汲取传统法律精华的基础之上，"吾国旧学，自成法系，精微之处，仁至义尽，新学要旨，已在包涵之内。乌可弁髦等视，不复研求。新学往往从旧学推演而出"。"何者与古同，何者与古异，何者古当因，何者古当革，因时损益，必得其宜。"所谓"参考古今，博辑中外，会通中西"，要从整体上融会贯通，不能机械地、简单地将两者糅合在一起，应"弃其糟粕，而撷其精华"，应取人之长以补己之短。如果只是机械地移植西方国家的法律制度，无异于南橘北枳，改革的效果会大打折扣，达不到预期的目标。

实现良法，首先要保障人权。废除酷刑、肉刑。减少死刑条款，改革行刑旧制。禁止刑讯。其次，废除不公平的刑罚制度，实现刑法面前人人平等。做到官民平等，民民平等，民族平等。

沈家本认为，刑罚最重要之目的在于教育犯科之人，以期其改过自新，重新投入生活。"在立法之意，原欲使莠民知耻，庶几悔过而迁善。"这虽是沈家本在《〈刺字集〉序》中针对刺字这种刑罚的立法目的分析，但无疑可推及死刑之外几乎所有刑罚。刺字之残酷，并不仅仅因其对罪犯肉体施以摧残，更在于其断绝了犯罪者重新融入社会的可能。"独是良民，偶罹法网，追悔已迟，一膺黥刺，终身戮辱。"在沈家本看来，这种刑罚非但不利于罪犯悔过迁善，反而可能将其逼上绝路。"善乎《宋志》之言曰：'面目一坏，谁复顾籍，强民适长威力，有过无由自新。'""未能收弼教之益而徒留此不德之名"，此等刑罚自当废除。古代传统刑法认为，凌迟、枭首等刑罚方式相较单纯绞刑而言的存在价值，在于其极大的惩戒威慑作用。沈家本对此不以为然。剥夺罪犯生命已是极限，死后酷刑对惩戒犯罪全无意义；而酷刑频仍，反使民众麻木不仁甚至戾气横生，对社会安宁百无一利。与此类似，沈家本主张取消长期以来的公开行刑制度。清朝公开行刑，京师位于菜市口，地方从省至县亦多在城外空旷之处，以期"示众以威"。但"稔恶之徒，愍不畏死，刀锯斧钺，视为故常，甚至临市之时，谩骂高歌，意态自若。转使莠民感于气类，愈长其凶暴之风；常人习于见闻，亦渐流为惨刻之行。此非独法久生玩，威渎不行，实与斯民心性相关，有妨于教育者也"。为了论证秘密行刑的合理性，沈家本不仅援引西方做法——"查东西各国刑律，死刑有密行、公行之分。英、美、日、俄、德、意各国皆主密行。惟法兰西尚存公行旧制，近亦亟议改图"，还将周朝及唐代旧制作为例证——"又考古之立市，多在国中，乡、遂并不立市。《周礼》明梏适市之制，惟国中行之，乡、遂行刑，即在本狱之所。"

沈家本的废除死刑思想很有特色和代表性。中国古代崇尚重刑，死刑大量规定与运用。翻阅中国刑法史，使人毛骨悚然的死刑的法律规定和司法实践就会顿现眼帘，包括法定刑和法外刑。从秦汉之际的诸如枭首、腰斩、弃市、具五刑、族诛等近三十种死刑实施中间虽然经过多次刑制改革，至明清之时，也仍然能见到异常残酷的凌迟、枭首、戮尸等死刑执行方法。

当西方世界一些国家在逐渐提出废除死刑甚至已经废止或实际上不用死刑而旧中国仍然如故地垂青死刑的清末之际，沈家本顺应时代发展趋势，旗帜鲜明地提出了减省死刑的进步主张。"拟请将凌迟、枭首、戮尸三项一概删除，死罪至斩决而止。凡律内凌迟、斩枭各条俱改斩决，斩决各条俱改绞决，绞决俱改监候，入于秋审情实，斩候俱改绞候，与绞决人犯仍入于秋审，分别实、缓。"沈家本在主张废除残酷的凌迟、枭首和戮尸三种死刑后，又提出其余死罚减等的主张。"臣等共同商酌，拟请嗣后戏杀改为徒罪，因斗误杀旁人并擅杀各项罪人，现律应拟绞候者，一律改为流罪。"而且进一步认为，在减省死刑"行无窒碍"时，"再将斗杀及各项死罪分别较量，择其情节轻者，奏请减等。总期由重就轻，与各国无大悬绝"。

在绞刑与斩刑之间，沈家本则认为，斩使人"身首异处，非人情所忍见"，故"以绞为优"。因此，沈家本主张，原则上除了对犯谋反、大逆、谋杀祖父母、父母等少数罪大恶极者及在"开战之地颁布戒严之命令的场合用斩刑或其他临时处分措施外，只用绞刑一种，并写进他随后进呈的《大清刑律草案》中，即第三十八条"凡死刑用绞，于狱内执行"。沈家本指出，欧美各国在死刑的方法上有斩、绞、枪毙三种，但"以绞为优"。他首先认为"枪毙"不可取，甚至认为"枪毙"在减少死刑犯的痛苦方面还不如斩首。沈家本在死刑的执行方法上力图尽量避免和减少死刑犯的痛苦，以使行刑更加人道和文明，这充分体现了沈家本的人文关怀精神。在沈家本的改革和努力下，清廷不但废除了凌迟、枭首、戮尸三项酷刑，而且使在中国延续了上千年的斩刑也逐渐并最终退出了历史舞台。

沈家本先是废除了多种死刑方式，更进一步思索死刑是否废止的问题。其一，他否定死刑的价值，认为废除死刑合理。沈家本从法律史视角审察，指出死刑在历史上固然有其作用，但不是万能的，其消极影响在长期使用后突出地表现出来；因为"治国之道，以仁政为先"，"自来议刑法者，亦莫不谓裁之以义而推之以仁"。如果只是一味地重视死刑，死刑施用不仅没有示惩作用，反而助长其凶暴之风。沈家本还针对有人提出废除凌迟、枭首、戮尸死刑方式大惑不解问题，他用历史事实予以坚决的驳斥。《寄簃文存》卷一《奏议·删除律例内重法折》记载："或谓此等重法，所以处穷凶极恶之徒，一旦裁处，恐无以昭炯戒。"沈家本的回答是："有唐三百年不用此法，未闻当日之凶恶者独多……乃自用此法以来，凶恶者乃接踵于世，未见其少。"

其二，他主张先谋教养，后废死刑。死刑作为一种国家法律制度、法律文化的产物，是历史的必然；同样，废除死刑也是历史的要求，但是它与各个国家和民族的具体情况紧密相关。基于此，沈家本提出了结合国情，具备一定条件时最终彻底废除死刑的思想主张。一是"欲废死刑，先谋教养，教养普而人民之道德日进，则犯法者自日见其少，而死刑可以不用"。二是"国小者尚易行之，若疆域稍广之国，教养之事安能尽美尽善，犯死罪而概宽贷之，适长厥奸心，而日习于为恶，其所患滋大"。提高民族的法律文化素养，对废除死刑有关键作用。一个国家或一个民族的法律文化如果认可死刑的价值，死刑就具有其保留的生态环境、合理空间和存在价值；反之，就失去死刑的合理合法性根据，废除只是一个时间问题，或者找到一个契机的问题。而一个国家或一个民族的法律文化是否能认同死刑的存在价值，当然与这个国家或民族的"教养"与"道德"特别是法律文化认同密切相关。近代中国法律文化却是一种强调以工具价值为主导的惩戒性法律文化，认为"刑"是治国之"大柄"，为世不可或缺，更认为"重刑"能治国安邦，因它能达到"以刑去刑"的目标。因此，当犯罪后该杀不杀，谓之"天理难容"，甚至处了死刑，还说"死有余辜"。在这种文化背景下，要废除死刑尚属不易之事，只有普及新道德，转换价值观，形成新的法律文化后，才能真正言及死刑的废除。

刑事诉讼法思想

沈家本的刑事诉讼法思想非常丰富。

一是关于司法独立原则的思想。沈家本是司法独立原则的积极倡导者，他从清廷准备实施宪政的时局来看，认为司法独立与立宪之间具有"至为密切"的关系。从历史上看，"司法独立非惟欧西通行之实例，亦我中国固有之良规"。在一个历史上有着几千年的君主专制统治、司法权与行政权合一的国家，选择怎样的道路才能实现司法独立的目标是沈家本不得不面对的第一个难题。沈家本根据中国的特殊国情，认为当时只能实行"渐进主义"，不能一蹴而就。他本着先中央后地方、逐渐削弱行政对司法审判干预的原则开始了他的法律改革。第一步改革目标是增强中央审判机关的独立性，扩大中央审判机关的权限。第二步是在地方筹设独立专门的各级审判厅，逐步将处理刑民案件的职责从地方行政官员转移到地方各级审判厅手中，实现地方行政与司法的分离。

尤为可贵的是，沈家本在论述司法独立原则时，不仅主张形式上司法与行政的分离，而且还特别强调司法裁判在实质上的独立性。他指出，所谓裁判独立，系指"无论何人，皆不能干涉裁判之事"。此外，沈家本还主张适当提高法官在中国的地位，并认为这有利于实现司法独立。

二是关于直接、言词原则的思想。为了发现案件真实，沈家本认为必须实行直接、言词原则。他指出，"直接审理实为最善之制"，西方各国"凡诉讼纯用直接审理主义，审判官必亲自审查有关案件之人及物件，乃得实情而免误判"，一般"不凭他人申报之言辞及文书，辄与断定"。他特别强调无论在审判阶段还是在起诉前的所有侦查预审等程序中，都应对被告人进行直接调查。而对于言辞原则，沈家本认为其有助于法官"于原被两造之言辞辩论而折衷听断，自经辩论之后，于被告之一造，亦可察言观色，以验其情之真伪"。

三是控辩平等原则的思想。沈家本认为，控辩平等系指在刑事诉讼中，原告与被告的待遇同等。他强调这种同等并非双方之地位相同，而是指"诉讼中关于攻击防御俾以同等便利而言"。由于控方往往系"谙习法律"之国家检察官，而辩方是弱小的公民个人，因此为了保证诉讼在实质上作到控辩平等，沈家本主张被告人可以聘请辩护人及辅佐人，"并为搜集有利证据，与以最终辩论之权"。

四是关于辩护原则的思想。沈家本主张引入西方的律师制度。他指出，西方各国"若遇重大案件，则由国家发予律师，贫民或由救助会派律师代伸权利，不取报酬补助，于公私之交，实非浅鲜"。他认为建立律师制度，是挽回法权的需要，也是平衡控辩双方力量，维护诉讼程序公正的需要。为实现辩护权，沈家本重视律师的选拔。律师需要具备"节操端严"道德上的要求和"法学渊深"学识上的要求。他建议将各省法律学堂作为我国培养律师人才的专门之地，"额定律师若干员，卒业后考验合格，给予文凭。然后分拨各省，以备辩案之用"，但"如各学堂骤难造就，即遴选各该省刑幕之合格者，拨入学堂，专精斯业。候考取后，酌量录用，并给予官阶，以资鼓励"。他主持拟定的《大清刑事民事诉讼法》以专节的形式在我国历史上第一次明确规定了律师制度。

五是关于审判公开原则的思想。沈家本指出审判公开为"宪政国之第一要件"，在其拟定的《法院编制法》中规定审判以公开为原则，不公开为例外。他认为，审判公开包括三层含义：一是审判的过程公开；二是"判断之宣告"公开；三是即使是不公开审判的案件，不公开的决议、理由及最后的判决宣告也应公开。

沈家本刑事诉讼法学思想的重要内容之一就是厘清诉讼与裁判之间的关系，构建一套健全完善的审判制度。他指出，"裁判以诉讼为依据，诉讼以裁判为归宿，分之则两端，合之为一事"，"诉讼事宜与审判相为表里，诉讼法者关于起诉之事，为各案原被告而设者也。审判法者，关于承审之事，为各级裁判官而设者也。故有诉讼法而无审判法，则官司之权限不清，有审判法而无诉讼法，则听断之机关不备，二者相对而立实相须而成"。

具体而言，一是审判机关的设置及其权限划分。沈家本就任大理院正卿后不久，便以大清官制节略"变通日本成法，改区裁判所为乡谳局，改地方裁判所为地方审判厅，改控诉院为高等审判厅，而以大理院总其成"为依据，正式实施四级法院制度。他又向清廷建议划分四级审判机关的具体权限，并且通过制定《大理院审判编制法》对京师地区各级审判机关的权限作出了详尽的规定。京师地区的审判机关体系得以先行建立。之后，拟定《法院编制法》，以制度的形式对各级审判机关的权限进行划分。

二是主张建立三审制。其主持拟定的《大清法院编制法》和《大清刑事诉讼律草案》都规定了刑事案件实行三审终审。沈家本将上诉区分为控告、上告和抗告三类。由上告引起的第三审程序主要限于对与实体密切相关的程序性违法行为进行法律审查，事实性问题以及其他"虽诉讼程序违法而与判决无涉者，不得据以为上告之理由"。

三是主张采用陪审制。沈家本认为，我国《周礼·秋官》中的"三刺之法"实与"孟子国人杀之之旨隐相吻合，实为陪审员之权舆"。他认为，陪审制有利于集中集体智慧，"司法者一人，知识有限，未易周知，宜赖聚人为之听察，斯真伪易明"，同时，有助于防止司法不公"若不肖刑官或有贿纵曲庇，任情判断及舞文诬陷等弊，尤宜纠察其是非"。沈家本主持的《大清刑事民事诉讼法》在第四章"刑事民事通用规则"的第二节对陪审制作了专门规定。明确规定了陪审制的适用范围、陪审员的任职资格、陪审员的组成和职责以及陪审员的表决制度等。为了保持陪审员的中立地位，还规定了审判期间对陪审员的隔离措施。

四是"独任制"和"合议制"。沈家本遍查各国审判制度，发现在四级法院体制下，各国审判庭的法官组成均因法院级别的不同而不同，并呈现出这样的共同规律，即"初级审判以判事一人专任，名单独制；地方审判为三人、高等审判为五人，最高审判为七人，名合议制"。他指出当今世界的最新学说是"主倡高等宜三人，最高宜五人"，其优点在于"一则可节省经费，一则可精选谳员"，因为"开庭事宜，向责之审判长一人，定额过多，非惟邻于尸位，复恐群议纷如，意见各执，于裁判反致阻滞"。结合这一学说，沈家本主张"初级审判厅用单独制，地方审判厅用折衷制。其事系初审者，仍用推事一人，若经预审或再审，增为三人，高等审判厅以上俱用合议制，惟每级按照各国酌减二人，以杜滥竽"。

五是主张采用"告劾式"的诉讼模式。沈家本将诉讼模式分为纠问式和告劾式两种。所谓纠问式，指"以审判官为诉讼主体，凡案件不必待人告诉，即由审判官亲自诉追，亲自审判"，系不告亦理。而告劾式是"以当事人为诉讼主体，凡诉追由当事人行之"，乃不告不理。他认为，告劾式能"使审判官超然屹立于原告、被告之外，权衡两至，以听其成，最为得情法之平"。因而，他主张我国应摈弃纠问式的诉讼模式而改采告劾式。

六是主张建立巡回审判制度。沈家本鉴于"中国现在审判人材尚未储备，凡供帐之繁苛，胥吏之萎索，在所不免，利弊倚伏，无资补救"的现状，主张建立巡回审判制度，即在"地方审判厅以上多设分厅，以分其责，必不得已，或于大理院临时酌量派遣，但仍以特别事件且关系重要者为限，高等审判厅以下不得援用"。

刑事证据法思想是沈家本刑事诉讼法学思想中的一个极为重要的部分。包括被告人口供与证人证言这两种证据种类及其采证、质证与判断规则等内容。由于被告人口供被认为是"证据之王",在认定案件事实方面,举足轻重,因此刑讯逼供在证据获取过程中成为常规手段。沈家本力主禁用刑讯。他在给朝廷的奏折中主张"轻罪禁用刑讯,笞杖改为罚金",并强烈要求,"各省督抚、督同、臬司,严饬所属州县,嗣后审理案件,凡罪在流徒以下者,照新章不准刑讯,旧例罪应笞、杖者,照新章改为罚金",对于"阳奉阴违,仍率用刑求,妄行责打者,即令该管上司指名严参,毋许徇隐"。沈家本又在他主持修订的《大清刑事民事诉讼法》中以法条的形式予以规定,"凡审讯一切案件,概不准用杖责、掌责及他项刑具或语言威吓、交逼,令原告、被告及各证人偏袒供证,致令淆乱事实"。

不仅如此,沈家本改变了中国历来视口供为"证据之王",无供不能定案的诉讼传统,大胆且颇有见地地提出"无供亦可定案"的主张。沈家本在其主持拟定的《大清刑事民事诉讼法》第二章"刑事规则"中,以条文的形式明确规定,"被告如无自认供词,而众证明白,确凿无疑,即将被告按律定拟"。

沈家本在其主持拟定的《大清刑事民事诉讼法》中,以专章的形式,规定了证人的资格、出庭、证人作证的方式,在证人证言的采证与判断规则方面,提出了独到的见解。关于证人出庭作证,沈家本不仅在法条中规定了这是一项必须履行的义务,而且还明确了证人若无法定理由拒绝作证的法律后果,即程序性制裁措施,如罚金、拘传等,以强制其到庭作证。这一规定保证了绝大多数证人能够在刑事审判中出庭提供证言,而有利于刑事审判的顺利进行,保证案件能得到较为公平公正的处理。他还有限地采用了英美法系国家的传闻证据规则。所谓传闻证据,指以下两种证据资料:证明人在审判期日以外对直接感知的案件事实亲笔所写的陈述书及他人制作并经本人认可的陈述笔录；证明人在审判期日就他人所感知的事实向法庭所作的转述。传闻证据规则是指原则上排斥传闻证据作为认定犯罪事实的根据的证据规则。《大清刑事民事诉讼法》规定了证人如无法定理由必须出庭提供证言，并且"供证，须以目睹或自知之实情，不得以传闻无稽之词妄行陈述"，这在一定程度上避免了证人不出庭而仅向法庭提供书面证言、陈述笔录，或证人所作证言系他人所感知事实的情况出现。这里面就已经包含传闻证据规则的精神。1910年，沈家本等人为配合证人必须出庭作证制度的贯彻实施，同时鉴于当时中国"旧制于一切诉讼费用尚无明文规定，而吏役暗中索取，费用往往肆意诛求，以致人民每遇讼事，动至荡家破产"的现状，又专门起草了一个《刑事讼费暂行章程》，初步建立起了对刑事诉讼中的证人、鉴定人、通事（翻译人）出庭费用的补偿制度。

刑事证据制度是由取证、举证、质证、判断证据等一系列程序和环节所构成。在我国，刑事诉讼法中具有近现代意义上的质证与判断规则也是由沈家本等人率先提出并建立起来的。《大清刑事民事诉讼法》规定了对证人证言与物证的质证规则，即"如被告坚不承认被控之罪，承审官即分别令原告各证人供证实情"后，"被告或所延律师，均准向原告各证人对话"，"被告或所延律师对话原告各证人后，原告或所延律师亦可覆问原告各证人"；"如被告亦有证人，则准该证人代为供证"，"原告或所延律师亦准向被告各证人对诘，对诘之后，被告或所延律师亦可覆问被告各证人"。同时还规定："凡失而复得之物，或相争之物，或可为原告或被告作据之物，均须当堂核验。"这些有关证人证言质证方式的规定，是沈家本借鉴和吸收英美法系国家的交叉询问规则的一种体现。这种规则是对抗式诉讼程序中的一个重要特征，即对证人的询问由控辩双方主导进行，提出证人的一方首先进行"主询问"，然后由对方进行"反询问"，双方还可依次进行"再主询问"和"再反询问"，法官通过听取控辩双方的询问和证人的回答来判断证人证言内容的真伪，从而认定事实。

虽然从《大清刑事民事诉讼法》这部法典的整体内容来分析，它所要建立的诉讼模式还不完全是英美法系国家的对抗式程序。但就其在一定程度上大胆引入对证人证言的交叉询问规则这一点而言，却表现出了沈家本的改革精神与学术勇气。

在判断证据的原则方面，沈家本同样开创了中国传统法制近代化的先河，其编定的《大清刑事诉讼律草案》，采取了西方资产阶级国家的"自由心证"原则，使证据的证明力及其取舍不由法律预先规定，而"悉凭审判官自由取舍"。借鉴和吸收了西方资本主义国家的立法经验，采用自由心证原则作为判断证据采信之原则，明确要求各种证据的证明力及其取舍法律事先不作任何规定，交由审判法官凭借自己的知识、经验、理性和良知等自由地加以判断，并加以取舍。沈家本的这一刑事证据法思想，吸收和借鉴了西方近代以来刑事诉讼中法官审查判断证据的基本原则，打破了中国传统的"罪从供定"的做法，有力地推动了我国刑事证据制度的近代化进程。

沈家本的死刑复核程序思想是他刑事诉讼法中重要组成部分，也极具现代化色彩。中国古代强调慎刑思想，在死刑方面有许多具体规定，防止滥杀无辜。在清代，根据清律的规定，全国各地的死刑案件首先由案发地的州县进行初审，然后层层上报至府、臬司、督抚，最后由督抚向皇帝专案具题。皇帝将督抚的具题交由刑部，由三法司复核，三法司复核后拟出意见再回奏皇帝，由皇帝作出终审裁决。太平天国以后，增加了"就地正法"的规定，晚清的死刑案件在核准程序上便可以划分为两类：一类是普通死刑案件，这类案件占了绝大多数，它与以往一样仍须由皇帝作出最终裁决；另一类是特别死刑案件，这类案件无须上报皇帝，地方官可以就地处决，但按照"就地正法章程"规定，它只适用于"盗匪"且应受到严格限制。但在实践中，却出现了后者扩大化的趋势。有鉴于此，沈家本强调死刑核准的法定程序，反对地方任意刑杀，其"护法"和"镇杀"的思想应当予以充分肯定。此外，沈家本还主张在死刑复核程序中，严格限制行政官员的参与和干涉，以最大限度地发挥审判机关的作用。沈家本请求废止对秋、朝审死刑犯的会审制度，为清廷所采纳。至此，总督、巡抚、布政使和中央九卿等行政官员参与复核会审死刑案件的制度得以废除。

死刑执行场合的是否公开，是清末死刑程序改革中的又一重大问题。沈家本通过对中国历代刑罚及欧洲法律的考察，鲜明地提出了改"明刑"为"隐刑"的主张。明刑主要指"弃市"，它是我国传统上最主要的一种死刑执行场合。弃市有两大特征：一是"行刑必暴其罪"。除了使死刑犯"自言其罪"外主要是"明桎之制"。二是"戮尸三日"，既所谓的"陈尸以示戮"。沈家本对当时的"弃市"进行了严厉的抨击。他认为，对死刑犯人的"弃市"并不能达到对其他人"弼教"的目的。沈家本指出作为我国古代死刑执行场所的"市"是"有垣有门，周防甚密"，但"今京师处决重囚在菜市，地方为四达通街，略无周防，与古制本不甚合，至各直省、府、厅、州、县，大都在城外空旷之地，与弃市之义更不相符"，并且"近年以来，都下每值决囚之际，不独民人任意喧呼拥挤，即外人亦诧为奇事，升屋聚观，偶语私讥，摄影而去"，这既"有乖政体"，又"恐别酿事端"。

沈家本高度评价隐刑。他指出，西方各国如英、美、日、俄、德、意都已采用了隐刑，即死刑的秘密执行。他认为，这些国家的死刑执行场所，"或在监狱一隅，或别择障围之地"，

"其临场之人，除裁判等官外，或官吏酌量许可，或止许犯人亲属"。其立法旨意主要在于，"一则防卫之严密，一则临刑惨苦情状不欲令人见闻"。他认为，这"于教育、周防两端均有关系，其制颇可采择"，只是如果监内行刑，"恐多窒碍，不若另构一区较为妥善"。为了杜其残忍之端，而导之于仁爱之路，沈家本建议"嗣后京师处决重囚，别设刑场一所，筑屋数椽，缭以墙垣，除监视官吏、巡警、弁兵外，须由承审官许可方准入场，其余无论何项人等，一概不准入视。至各直省、府、厅、州、县，向有行刑之地，应即就原处围造墙垣，规制不嫌简略，经费可从节省。总以不令平民闻见为宗旨。似此变通办理，则防卫既较严密，可免意外之虞；而斯民罕睹惨苦情状，足以养其仁爱之心，于教育之端实大有裨益也"。

1911 年，沈家本将"死刑的秘密执行"，正式写入了《大清刑事诉讼律草案》。该草案第四百八十四条规定，"执行死刑除经检察官或监狱署长之许可者外"，其他人等"不得入刑场"。至此，在中国延续上千年的死刑公开执行制度被死刑的秘密执行原则所代替，死刑的"密行主义"在我国正式确立。

在死刑执行的其他程序方面，沈家本也提出了很好的建议，如死刑执行前，对死刑犯单独关押，死刑判决生效后，在执行前应向法部奏报，待接到命令后再予以执行，"凡死刑非经法部覆奏回报，不得执行"，对孕妇、患有精神病的死刑犯应延缓执行，凡孕妇受死刑之宣告者，产后经一百日，非更受法部之命令，不得执行，"谕知死刑者如患精神障碍，由司法部门命令于障碍继续中停止执行"，等等。沈家本作为一个"融贯中西"的法学大家，其思想和实践充分地体现出了他在死刑程序中的"慎杀"和人道主义精神。

第 11 章

最后的岁月

　　沈家本退出官场以后，一直居住在枕碧楼。枕碧楼原系吴兴会馆旧址，位于现北京宣武区下斜街金井胡同一号。枕碧楼是沈家本住进金井胡同的宅院后，在院中修建的一座中西合璧的藏书楼。这座藏书楼是一幢二层的木楼，楼下是三间半正房，作为客厅之用。楼上四间是沈家本的书房，书房内藏有他毕生收集的五万余卷图书。枕碧楼为两层，坐北朝南，面对一片低矮院落，可谓览尽人间烟火。楼的北面是护城河，每到春天，河畔垂柳依依，两岸芳草萋萋，满布疮痍的城垣，几近坍塌的宣武门城头的危楼，果然是一派碧色伤心。

　　1911 年后身心交瘁无意于仕途的沈家本辞去修订法律大臣和资政院副总裁两项职务后，就躲入小楼，整日专心著述和整理旧作了。"与世无争许自由，蠖居安稳阅春秋。小楼藏得书千卷，闲里光阴相对酬。"他晚年的多部著作如《枕碧楼偶存稿》《枕碧楼丛书》等都是在这里写成的。

　　晚年的沈家本致力于整理、刊刻旧稿。刊刻《寄簃文存二稿》，整理《枕碧楼丛书》，撰成《汉律摭遗》。

　　远离政坛的他，年迈体弱，已无力涉足国事。但是，对国家的命运、民族的命运，他仍难以释怀，内心充满了忧患。这些在他的著述中，能够感受得到。

他嘱咐儿子，在他去世以后，请一个画师，给他画一幅身着汉服便装的画像，作为遗像。一般的清末高官遗老去世以后，逝者的画像都是身着清代官服，以示尊贵，光宗耀祖。沈家本的这一要求是希望国家从此走向共和？还是他个人的一个普通愿望？

1913年6月9日，沈家本离开了人世。沈家本的离去，是在一瞬间。安安静静，没有惊动任何人他悄然无息地离开了这个世界。然而，他的逝去，引起了极大的震动。

6月13日，袁世凯颁布《临时大总统令》称："前法部正首领沈家本精研法律，凤擅专长，自政体改革以来，赞助共和，勤劳尤著。兹闻患病身故，凡我国民，同深惋惜，应由国务院核议给恤，以彰崇报。此令。"后来，沈家本家人获得一千元的抚恤金，这是没有先例的。

沈家本的去世，在司法与法律界也引起了很大的反响，包括当时现任与前任的司法部总长、次长、大理院院长、高等检察厅厅长、著名律师等在内的法律界知名人士等八十六人联名发起召开追悼沈家本大会，并在报刊上公布了《追悼沈子惇先生大会》的启事，启事高度评价了沈家本的卓越贡献以及在我国法制史上的崇高地位。

在众多的挽联中，江庸的挽联如下：

修刑律力排众议兴学校乐育群英耗先生毕世苦心身后只留公论在

德望为中外所倾学术则古今一贯问国家百年大计眼前尚有老成无

唐浩鉴的挽联如下：

任支那法系于一身合周汉唐元明以迄清朝酌古准今岂徒考据词章融通国粹

识世界大同之主义参英美法德日而成新律治内安
外宜乎环瀛裨海洋溢声名

至年秋冬，临时大总统袁世凯下令，在司法部衙门为沈家本立碑，以示纪念。在我国近代历史上，专门为法学家"建立碑碣"是从沈家本开始的，他是享受这一殊荣的第一人。

1914年，沈家本的子孙将灵柩运回浙江，葬于吴兴县之渡善桥。袁世凯为其墓题词：

法学匡时为国重
高名垂后以书传

沈家本是中国法律现代化的第一人，是将西方法律和东方法律结合得最完美的集大成者。他提出以法治国的主张，在近代救国主张中独具特色。徐显明评价沈家本"对于中国传统法律的研究、整理的功绩在薛允升之上，对西方法律介绍的功绩在严复之上，是近代中国最伟大的法学家和法律家"。

沈家本先生是中国近代的法学宗师，是中华法系承先启后的伟人。在清末国家蒙难、外邦虎视的时刻，为了救国，沈先生毅然承担起修律的重任，在立法、司法、法学理论、法学教育诸领域成就了一番事业。经历了层层磨难的清王朝，改革步履十分艰难，修律亦此，压力大，阻力也大。沈家本面对过时的义理及旧势力之阻挠，所表现之道德之勇气及坚毅，以及其卓越的吸收新知识取精用宏之能力，其高瞻远瞩及超前立法，亦足后人深思或效法。

沈家本生活在西法东渐的清朝晚期，他的学问很广，著述宏巨。从政治观念上说，沈家本不能算新派人物，他和喧嚣一时的维新运动没有什么关系。作为清王朝忠心耿耿的官员"沈家本在修律中有着融合中西的高度理论自觉和强烈的使命感"，这种情绪是传统的、古朴的。它是数十年人格和学识的积累，或者说是沈家本中学价值观的体现。沈家本有着深厚的中学基础，但他又不拘泥于中学，他关注时势，称赏西学。事实上贯穿清末文化学术的是"新旧之争"而非"中西之争"，传统的变异与西学的冲击构成了晚清"新学"的基本内涵。沈家本领导的中国近代法制变革，是一个既继承又断裂的过程。由于植于本土，应于本土，对传统法律精神和内容的一些"扬弃"式继承是合情合理，也是一种极为负责任的做法。沈家本的可贵之处在于：在那个"包袱沉重"的时代，沈家本坚决地卸下了"历史包袱"，立足本土，放眼世界，学习先进，择善而从，但又不卑不亢。沈家本捍卫传统文化，同时又吸纳西方文化，希望以西学弥补中学之不足，所以，可以说他是在法学领域开一代风气的新学家。

沈家本先生是一位司法实践家，他长期从事过司法实践。他历任天津府知府、保定府知府、刑部左侍郎、大理院正卿、法部右侍郎、修订法律大臣、资政院副总裁等职。他又是一位法学理论大师。特别是他对中国古代律学和近代法学中的刑法学理论研究，在当时可以说是独占鳌头，未见出其右者。他在修订《大清现行刑律》、制定《大清刑律草案》过程中，接受西方资产阶级先进的法学理论之后，开始摒弃中国传统固有法中落后的刑罚制度，建立新的先进的刑罚制度，而且在他的努力下，于光绪三十三年（1907）完成了《钦定大清刑律》这是中国刑罚制度近代化的开端。后来，在他主持下制定的《大清民律草案》《大清商律草案》《大清刑事民事诉讼法草案》等部门法典，虽然有些未来得及公布，清廷即被推翻，但它标志着中国法制从传统迈向近代化艰难的一步，这其中也反映了沈家本先生在中国法制近代化中所作的卓越贡献。

沈家本忧国忧民，希望以自己的才智挽救颓败的国家命运，然而他虽然尽了一生的努力，并没有救治了他的那个时代的国，他所希望看到的那个法治文明的时代，在他逝世九十年以后，才在中国初露端倪。

袁世凯为沈家本之墓的题词也许最好地表达了人们对他个人魅力和贡献的一种肯定和怀念："法学匡时为国重，高名垂后以书传。"

附　录

年　谱

1840 年（清道光二十年）　七月二十二日，沈家本出生。

1856 年（咸丰六年）　参加童试，获得秀才资格。

1859 年（咸丰九年）　完成第一本学术著作《周官书名考古偶纂》。

1864 年（同治三年）　沈家本援例到刑部任郎中，开始学法律。

1865 年（同治四年）　乡试中举。

1883 年（光绪九年）　又一次参加礼部会试，考取进士。

1886 年（光绪十二年）　第一部公开印行的学术著作，也是他第一部研究
法学的著作《刺字集》成书出版刊行。

1893 年（光绪十九年）　被外放天津知府。

1897 年（光绪二十三年）　调任保定知府。

1898 年（光绪二十四年）　处理保定"北关教案"。

1899 年（光绪二十五年）　《刑案汇览三编》成书。

1900 年（光绪二十六年）　光绪帝谕令拨擢沈家本为山西按察使。未及赴
任，就被"八国联军"阻在保定，直到次年 2 月 14 日才恢复自由。

1901 年（光绪二十六年）　升任刑部右侍郎。

1902 年（光绪二十七年）　升任刑部左侍郎。着手筹备修订法律事宜。完
成著作《律例校勘记》。

1904 年（光绪三十年）　修订法律馆开馆。

1906 年（光绪三十二年）　中国第一所中央官办法律专门学校——京师法
律学堂正式开学。沈家本被任命为管理京师法律学堂事务大臣。被任
命为大理寺卿，开始筹设大理院。

1907 年（光绪三十三年） 从事修律工作。被任命为修律大臣。《寄簃文存》（八卷）交付印刻。

1908 年（光绪三十四年） 从事修律工作。

1909 年（宣统元年） 被选派充当宪政编查馆一等咨议官。《历代刑法考》交付刊刻。

1910 年（宣统二年） 兼任资政院副总裁。北京法学会成立，出任首任会长。升任法部左侍郎。

1911 年（宣统三年） 被免除职务，结束了修律生涯。任“袁记内阁”司法大臣。《寄簃文存二编》交付印刻。

1912 年（民国元年） 袁世凯派人送达“总统法律顾问状”。《汉律摭遗》（二十二卷）撰成。

1913 年（民国元年） 《枕碧楼丛书》完成，交付刊刻。6 月 9 日，谢世，享年七十四岁。

主要著作

一、已刊者

1. 《刺字集》二卷。
2. 《历代刑官考》二卷。
3. 《寄簃文存》八卷又二编二卷。
4. 《历代刑法考》三十八卷。

二、未刊者

1. 《汉律摭遗》二十二卷。
2. 《明大诰峻令考》一卷。
3. 《明律目笺》三卷。
4. 《律例偶笺》三卷。
5. 《驳稿汇存》一卷。
6. 《雪堂公牍》一卷。

7. 《秋谳须知》十卷。

8. 《刑案删存》六卷。

9. 《文字狱》一卷。

10. 《压线编》一卷。

11. 《学断录》一卷。

12. 《日南读书记》十八卷。

13. 《刑案汇览》三编一百卷。

14. 《读律校勘记》五卷。

15. 《说文引经异同》二十五卷又附录一卷。

16. 《史记琐言》三卷。

17. 《汉书琐言》六卷。

18. 《后汉书琐言》三卷。

19. 《续汉书志琐言》六卷。

20. 《三国志琐言》四卷。

21. 《三国志校勘记》七卷。

22. 《汉书侯国郡县表》一卷。

23. 《李善文选注引书目》六卷。

24. 《古今官名异同考》一卷。

25. 《枕碧楼偶存稿》八卷。

26. 《日南随笔》八卷。

27. 《枕碧楼诗稿》六卷。

28. 《古书目》三编共八卷。

29. 《周官诗名考古》一卷。

30. 《借书记》一卷。

31. 《奇姓汇编》一卷。

32. 《金井杂誌》一卷。

33. 《寄籍文存》三编一卷。

参考书目

1. 李贵连：《沈家本传》，法律出版社，2000年。

2. 熊月之：《西学东渐与晚清社会》，上海人民出版社，1994年。

3. 张国刚、乔治忠：《中国学术史》，东方出版中心，2002年。

4. 李贵连：《近代中国法制与法学》，北京大学出版社，2002年。

5. 张国华、李贵连：《沈家本年谱初编》，北京大学出版社，1989年。

6. 王健编：《西法东渐——外国人与中国法的近代变革》，中国政法大学出版社，2001年。

7. 〔清〕沈家本著，邓经元、骈宇骞点校：《历代刑法考》，中华书局，1985年。

8. 杨鸿烈：《中国法律发达史》，商务印书馆，1930年。

9. 张国华主编：《博通古今学贯中西的法学家——1990年沈家本法律思想国际学术研讨会论文集》，陕西人民出版社，1992年。

10. 李贵连：《二十世纪的中国法学》，北京大学出版社，1998年。

11. 李贵连：《沈家本评传》，南京大学出版社，2005年。

12. 〔清〕梁廷枏：《海国四说》，中华书局，1993年。

13. 安宇：《冲撞与融合——中国近代文化史论》，学林出版社，2001年。

14. 俞荣根主编：《中国法律思想史》，法律出版社，2000年。

15. 〔清〕朱寿朋编：《光绪朝东华录》，光绪三十二年四月，中华书局，1958年。

16. 《申报》，上海书店1986年影印本。

17. 陈柳裕：《法制冰人——沈家本传》，浙江人民出版社，2006年。

18. 程燎原：《清末法政人的世界》，法律出版社，2003年。

19. 沈小兰、蔡小雪：《修律大臣沈家本》，人民法院出版社，2012年。

20. 徐珂：《清稗类钞》，中华书局，1981年。

21. 李光灿：《评〈寄簃文存〉》，群众出版社，1985年。

22. 刘海年、杨一凡主编：《中国珍稀法律典籍集成 丙编 第 3 册 沈家本未刊稿七种》，科学出版社，1994 年。

23. 高勇年：《法学泰斗沈家本》，浙江人民出版社，2006 年。

24. 中国法制史学会编：《中国法制现代化之回顾与前瞻——纪念沈家本诞生一百五十二周年》，台湾大学法学院，1993 年。

25. 怀效锋：《清末法制变革史料》（上下），中国政法大学出版社，2010 年。

26. 徐世虹主编：《沈家本全集》，中国政法大学出版社，2010 年。

27. ［法］卢梭著，李常山译：《论人类不平等的起源和基础》，商务印书馆，1962 年。

28. 杨鸿烈：《中国法律思想史》，中国政法大学出版社，2004 年。

29. ［美］D. 布迪、C. 莫里斯，朱勇译：《中华帝国的法律》，江苏人民出版社，1995 年。

30. 马作武：《清末法制变革思潮》，兰州大学出版社，1997 年。

31. 陈煜：《清末新政中的修订法律馆：中国法律近代化的一段往事》，中国政法大学出版社，2009 年。

32. 法大沈家本法学思想研讨会编：《沈家本法学思想研究》，法律出版社，1990 年。

33. 冯骊：《论沈家本的法律教育思想和实践》，《河南科技学院学报》（社会科学版）2005 年第 3 期。

34. 史广全：《从律学到法学的飞跃——沈家本法学方法论初探》，《齐齐哈尔大学学报》（哲学社会科学版）2004 年第 5 期。

35. 赵玉环：《沈家本法律思想研究》，山东大学硕士学位论文，2008 年。

36. 彭小强：《沈家本人权思想研究》，西南大学硕士学位论文，2012 年。

37. 张成先：《沈家本民法思想研究》，山东大学硕士学位论文，2008 年。

38. 李交发：《简论沈家本的废除死刑观》，《现代法学》2005 年第 1 期。

39. 陈异慧：《论沈家本的良善刑法观》，《山东社会科学》2012 年第

11 期。

40. 赵元信、方慧:《出入经史之间 定鼎法学新风——沈家本先生法律思想的学术源流探微》,会议论文。

41. 康黎:《沈家本的刑事诉讼法学思想研究》,西南政法大学硕士学位论文,2006 年。

42. 王瑞、郭大松:《清末礼法之争探析》,《山东师范大学学报》(人文社会科学版) 2003 年第 2 期。

43. 周成泓:《从讼师到律师:清末律师制度的嬗变》,《求索》2013年第 6 期。

44. 范席晶:《沈家本监狱改良思想研究》,安徽大学硕士学位论文,2008 年。

45. 向达:《清末礼法之争述评》,《深圳大学学报》(人文社会科学版) 2012 年第 5 期。

46. 张世珊:《兼容中西,融会贯通——沈家本的法律价值观》,《湖南行政学院学报》2004 年第 2 期。